Gero von Randow (Hg.)

Der hundertste Affe

Texte aus dem «Skeptical Inquirer»

Deutsch von Volker Englich,
Dirk van Gunsteren,
Cornelia Holfelder-von der Tann,
Hainer Kober und Sebastian Vogel

Rowohlt

Veröffentlicht im Rowohlt Taschenbuch Verlag
GmbH, Reinbek bei Hamburg, Juli 1996
«Die geheimen Ufo-Papiere» (deutsch von
Volker Englich), «Beinahe tot»
(deutsch von Sebastian Vogel),
«Der hundertste Affe» (deutsch von
Cornelia Holfelder-von der Tann) und «Was ist
Radosophie?» (einschließlich der Leserbriefe
deutsch von Dirk van Gunsteren) wurden dem
Band «Mein paranormales Fahrrad», die Beiträge
«Ufologie» und «Der neue Skeptizismus»
(deutsch von Hainer Kober) dem Band
«Der Fremdling im Glas» entnommen
Für die übersetzten Originalbeiträge
Copyright © 1985, 1989, 1991, 1992, 1994 by
The Skeptical Inquirer, Amherst, N.Y.
«Mein paranormales Fahrrad» /
«Der Fremdling im Glas»
Copyright © 1993, 1996 by Rowohlt Taschenbuch
Verlag GmbH, Reinbek bei Hamburg
Alle deutschen Rechte vorbehalten
Umschlaggestaltung Beate Becker/Gabriele Tischler
(Illustration: Barbara Hanke)
Satz Sabon (Linotronic 500)
Gesamtherstellung Clausen & Bosse, Leck
Printed in Germany
200-ISBN 3 499 22085 7

Inhalt

Ufologie 7
Gero von Randow

Die geheimen Ufo-Papiere 20
Philip J. Klass

Was ist Radosophie? 28
Cornelis de Jager

Aus der radosophischen Fachdebatte –
Leserbriefe 41

Der hundertste Affe 48
Ron Amundson

Beinahe tot 68
Susan Blackmore

Der neue Skeptizismus 101
Paul Kurtz

Ufologie

Gero von Randow

Sachen gibt's, die passieren immer den anderen.

Zum Beispiel Michaela H. (28) aus Mönchengladbach, wie die *Bildzeitung* berichtete: «Einer der Ufo-Zwerge stieg in mein Bett. Ich spürte glitschige Hände, bekam fünf Orgasmen.»

Das Boulevardblatt ist Deutschlands größte Ufo-Zeitung, aber beileibe nicht die einzige. Eine andere heißt *Coupé* (diesen Hinweis verdanke ich einem Teilnehmer der Newsgroup namens MAUS/TALK/UFOS, die via Z-Netz oder Comlink zu erreichen ist). Diese überhaupt bemerkenswerte Zeitschrift informierte ihre Leserschaft darüber, daß die US-Weltraumbehörde NASA einem Radioteleskop neue Linsen eingesetzt und daraufhin «Fußabdrücke im Mars-Sand» entdeckt habe. Schwer zu sagen, was verblüffender ist: die Fußabdrücke oder der ungewöhnliche Einfall, ein Radioteleskop mit Linsen auszustatten.

Was *Coupé* recht ist, war RTL natürlich – na, billig denn auch wieder nicht. Der Londoner Videohändler Ray Santilli hat eine Stange Geld mit einem Film gemacht, der 1995 weltweit und eben auch von RTL ausgestrahlt wurde. Er zeigt angeblich die Autopsie der Leiche eines Außerirdischen, der 1947 beim legendären Ufo-Crash von Roswell ums Leben kam.

Man muß sich übrigens fragen – wenn es denn nun Ufos sind, die da alle naslang auf der Erde verunfallen –, wie es die Außerirdischen mit einer derart unzuverlässigen Technik überhaupt geschafft haben, von fernen Galaxien bis zu uns zu gelangen.

Nun glaube niemand, Ufologie sei lediglich ein Thema des journalistischen Lumpenproletariats. Vor nicht allzu langer Zeit schwebte beispielsweise unmittelbar nach der Tagesschau ein tortengleiches Etwas am oberen Rand des Bildschirms entlang; der Rest der Szene zeigte vergleichsweise wenig Spektakuläres, nämlich Eupen, ein Städtchen nahe der deutsch-belgischen Grenze. «Seriöse Ufo-Forscher», behauptete der ARD-Film, hatten Es per Computeranimation in die Filmaufnahmen gefügt.

Tatsächlich hatten Jahre zuvor Tausende von Menschen aus dieser Region berichtet, sie hätten nächtens gewisse Dreiecksgebilde umherschweben sehen. Die meisten «Sichtungen», so der ufologische Fachbegriff, wurden unterhalb von Luftverkehrsstraßen und in der Nähe von Militärflugplätzen registriert. Höchstwahrscheinlich handelte es sich um vorschriftsmäßig betriebene Nachtlichter der Prototypen von Ultraleichtflugzeugen, vom Auge zu massiven Dreiecken ergänzt (derartige Ergänzungsleistungen unseres Sehsinns führen zu geradezu abenteuerlichen Sinnestäuschungen; ihr evolutionärer Vorteil besteht eigentlich darin, daß unsere eher schwächlichen, auf Bäumen lebenden Vorfahren sehr gut darin waren, getarnte Raubtiere auszumachen – sie konnten ja nicht wissen, daß unsereiner Spaß daran haben würde, optische Täuschungen zu erfinden, und noch weniger, daß jemals eine Ufologenbewegung entstehen würde).

Auch die ARD-Redakteure, Interesse an ernsthafter Recherche vorausgesetzt, hätten auf diese Erklärung kommen können; ebenso wie auf das Geheimnis der kreisenden Himmelslichter, von denen ein Ehepaar dem TV-Team berichtete. Derartige Erscheinungen sind bereits zigfach untersucht und noch stets auf Disco-Lightshows zurückgeführt worden, deren Laserstrahlen unter bestimmten Wetterbedingungen an der Wolkendecke reflektiert werden. Diese Shows werfen eigentlich eine andere, weitaus interessantere Frage auf: Welchen Grund sollten Außerirdische haben, eine Welt aufzusuchen, deren Einwohner sich Lasershows aussetzen?

Die öffentlich-rechtlichen Ufotiker hatten in ihren Film auch einige Urlaubervideos hineingestrickt, die leuchtende, sich erratisch bewegende Objekte am Ostseehimmel bei Rügen zeigten. Sie lassen sich plausibel als Nachtübungen erklären, die im Jargon der einstigen NVA «Operation Tannenbaum» hießen: Leuchtziele, vom Schiff aus hochgeschossen und hernach am Fallschirm herabschwebend. Für Einheimische ein gewohnter Anblick. Nach und nach verlöschen die Lämpchen, neue werden hinterhergeschickt. Lenkraketen suchen sie zu treffen – und da dem Auge des Nachts die Tiefenschärfe fehlt, rechnet es die Lichtsignale falsch zusammen und meldet blitzartige Flugbewegungen ans Hirn.

Die Luftschießübungen in dieser Region und ihre für das ungeübte Auge merkwürdigen Begleiterscheinungen sind von organisierten Ufo-Skeptikern (CENAP, Eisenacher Weg 16, 68309 Mannheim) minutiös beschrieben worden. Die Fernsehredakteure aber folgten offenbar der leider verbreiteten Journalistenregel, nach der man ein Thema nicht «kaputtrecherchieren» dürfe.

Meist sind es technische Objekte, die uns als Ufos erscheinen, insbesondere Ballons: Wetterballons, militärische Beobachtungsballons (wie in Roswell), Modellheißluftballons (zuweilen von Skeptikern der GWUP oder CENAP gestartet, also Vorsicht!), ja sogar Party- und Spielzeugballons. Andere Kandidaten sind Hubschrauber, Flugzeuge (vorzugsweise ungewöhnliche Prototypen), Zeppeline, Drachen, Modellflugzeuge, Leuchtraketen sowie herabstürzende Raketen- und Satellitenteile. Eines Nachts gar formten 25 Liter Abwasser aus dem Spaceshuttle Discovery, sofort gefroren, ein bizarres Dingsbums am Himmel.

Beachtlich war auch die unter Ufologen legendäre Erscheinung, die 1991 im Shuttle-Kontrollzentrum von Houston beobachtet wurde.

Es war ein wenig langweilig geworden in dieser Septembernacht; auf den Bildschirmen flimmerte das Diesunddas des Lebens an Bord der STS-48-Mission. Der diensthabende Kommunikationsoffizier der Bodenstation faßte den Entschluß, jetzt, da spacemäßig eh nichts los war, mal wieder ein Experiment im Rahmen des «Mesoscale Lightning Observation Program» durchzuführen: Die TV-Kameras des Raumfliegers werden auf Gewitter gerichtet, die sich auf der Nachtseite des Planeten abspielen. Das gibt hübsche und für Meteorologen sogar wissenschaftlich wertvolle Bilder.

Alles verlief normal. Plötzlich wanderten weiße Punkte über den Bildschirm – auch das noch kein unbekanntes Phänomen. An den Düsen bildet sich zuweilen Eis, das sich ablöst und hier nun an der Kamera vorbeitanzte.

Unvermutet aber schlug der hellste Punkt einen Haken nach rechts, gleichzeitig flammte ein Lichtblitz links unten am Bildschirm auf; damit nicht genug, flitzte ein anderer heller Fleck diagonal über den Monitor und verschwand. «Na, das sah ja toll aus», meinten die Beobachter im Kontrollzentrum, jede Abwechslung kam gerade recht. Ihnen war klar, daß der Lichtblitz ein plötzlich ins Sonnenlicht geratenes Eisstückchen war, und ebenso, daß das Hakenschlagen nur von einer Kurskorrektur der Steuerungsdüsen herrühren konnte und ein Eisstückchen in die schnell expandierende Gaswolke geraten war.

Damit hätte die Geschichte enden können.

Aber heutzutage kreisen Bilder und Texte und überhaupt alle möglichen Daten so lange um die ganze Welt, bis sie Angehörige des ABWEGIG-Kults erreicht haben (ABWEGIG ist ein Akronym für ABenteuerliches WEltbild und Gigantischer Irrsinn; das letzte G ist dem Akronym zu Zwecken der Verwirrung, Vertuschung und Konspiration angefügt worden – zu derlei Praktiken später mehr). In diesem Fall verhielt es sich so, daß TV-Bilder von der Lightshow im All per Satelliten- und Kabelfernsehen in Zigtausende Fernsehgeräte gepumpt wurden. Vor diesen saßen vergleichsweise wenige Raumflugexperten. Wohl aber genügend Ufologen, um ein weltweites Rätselraten darüber anzustellen, was uns die extraterrestrischen Wesen mit diesen bizarren Lichtsignalen denn sagen wollten.

Bis heute gibt es keine Antwort auf diese Frage.

So ist die Ufologie.

Wenn eine Himmelserscheinung gedeutet werden soll, beginnt sie stets mit der Hypothese eines Besuchs aus dem Weltall – also mit der unwahrscheinlichsten Annahme. Just darin unterscheidet sie sich vom heutigen Wissenschaftsstandard.

Die Besuchshypothese setzt allerhand voraus, insbesondere außerirdische Intelligenz. Niemand ist in der Lage, die Wahrscheinlichkeit ihrer Entstehung zu schätzen. Zudem müßte sie ausgerechnet zur gleichen Zeit wie wir existieren, an Raumreisen interessiert und überdies dazu fähig sein, uns zu erreichen. Außerdem müßten die Außerirdischen ein Motiv dafür haben, jahrzehntelang in immer neuen Fahrzeugtypen am irdischen Firmament zu paradieren, mehr noch – uns penetrant zum Narren zu halten. Und wenn sie uns nicht bloß zufällig fänden, was ja besonders grotesk wäre, dann müßten sie uns noch vor Fahrtantritt ausgemacht haben.

Von wo aus?

Heutige Karten des Universums umspannen bis zu einer Milliarde Lichtjahre. Säßen unsere himmlischen Beobachter in einer Nachbarschaft von nur 2000 Lichtjahren, dann müßten sie sich heute mit Signalen von der Erde zufriedengeben, die in der Zeit um Christi Geburt ausgesandt wurden. Funken konnten die Menschen damals noch nicht (gewiß, es gibt auch Parawissenschaftler, die die biblische Bundeslade für eine Kombination aus Raumschiff und Sender halten).

Aber ist nicht die Lichtgeschwindigkeit als Grenze der Informationsübermittlung oder des Umherreisens im All durch jüngste Experimente an der Universität Köln widerlegt? Keineswegs. Dort sind vielmehr quantenphysikalische Effekte nachgewiesen worden, die sich zum Teil als unterlichtschnelle Bewegungen und zu einem anderen Teil als Simultanereignisse deuten lassen; wer will, kann sie zusammenrechnen und kommt zu einer theoretischen Durchschnittsgeschwindigkeit, die rein rechnerisch über der Einsteinschen Geschwindigkeitsbegrenzung liegt.

Physik! Ufoforscher lieben Physik.

In Deutschland beispielsweise verehren sie «ein verkanntes Genie namens Burkhard Heim, dessen sechsdimensionale einheitliche Feldtheorie alle Rätsel der Physik löst und nebenbei auch das der Ufos. Die Weltgemeinde der Physiker hat von dieser Revolution allerdings noch nichts mitbekommen. Ein Wunder erklärt das andere. Das ist die klassische Immunisierung gegen Kritik» (was Heim und seinen medienbekannten Gefolgsmann, den Ufo-Klassifizierer Illobrand von Ludwiger, nicht daran hinderte, mich wegen just dieser in der *Zeit* gedruckten Sätze vor den Presserat zitieren zu wollen; der Antrag wurde abgelehnt).

Der Immunisierung dient auch die Verschwörungshypothese, derzufolge die Wahrheit unterdrückt wird. Wie man nämlich weiß, existieren geheime Ufo-Erkenntnisse der – ach, suchen Sie sich etwas aus: NASA, CIA, USAF, Bundeswehr. Oder der Roten Armee. Besonders beeindruckend war ein Text im einschlägigen *MUFON UFO-Journal*, der die Ergebnisse des Besuchs einer Ufologentruppe in Rußland zusammenfaßte:

- Stalin habe sich 1947 alle Einzelheiten des Roswell-Zwischenfalls berichten lassen; seine Wissenschaftler hätten bestätigt, in New Mexico sei ein Ufo vom Himmel gefallen;
- auch Juri Gagarin habe Ufos gesichtet;
- die sowjetische Version von SDI habe auf Techniken beruht, die man von Außerirdischen übernommen hatte.

Gern berufen sich Ufologen auf Geheimdokumente. Sie sind in der Regel so geheim, daß außer ihren Urhebern nur Ufologen Zugang zu ihnen haben. Seltsamerweise veränderten derartige Schriftstücke noch stets ihren Charakter, sobald das Licht der Öffentlichkeit auf sie fiel, und sie waren nur mehr private Aufzeichnungen, Fälschungen, einfach nicht vorhanden – oder hatten mit Ufos nichts zu tun.

Just das sei ja der Beweis einer Konspiration, heißt es dann in ufologischen Zirkeln (pardon, der Kalauer war unvermeidlich). Die echten Dokumente seien nach wie vor geheim. Ebenso Teile von fliegenden Untertassen und Leichen von Außerirdischen, die irgendwo in Bunkern lagern.

Nach ufologischer Ansicht diente es auch lediglich Täuschungszwecken, daß US-Behörden und -Unternehmen in der Vergangenheit mit allerlei topfdeckelartigen Flugapparaten experimentierten (vor Jahren schilderte der *Skeptical Inquirer* eines dieser Projekte; eine hübsche und umfassende Beschreibung mit vielen Bildern findet sich im Technikjournal *Popular Mechanics* Nr. 1/1995). Waren sie erst gebaut, dann hatten die Behörden ja eine scheinbar normale Erklärung, die sie nach jeder Sichtung einer fliegenden Untertasse hervorholen konnten!

Wie raffiniert die Außerirdischen vorgehen, erklärt der Ufo-Forscher Johannes Fiebag. Laut *Mainpost* vom 10. Juni 1995 zweifelt er daran, daß wirklich mal jemand einen Außerirdischen zu Gesicht bekommen habe: Er vermutet vielmehr, alle bisherigen Erscheinungen beruhten auf einer Art Halluzination, die von Außerirdischen inszeniert wurde (den Hinweis auf Fiebag verdanke ich einem Physiker in Erlangen, der sich besonders aktiv an der elektronischen Mailing-List der GWUP beteiligt).

Überdies entführen die Extraterrestriker Menschen, um ihnen eine Gehirnwäsche zu verpassen, Funkempfänger zu implantieren oder sie zu schwängern. Woraus der Psychiatrie ein neuer Zweig erwuchs, der in den Vereinigten Staaten reichlich Früchte trägt: Menschen, die von Außerirdischen entführt wurden, leiden nämlich an einem Trauma, wie der Psychiater John E. Mack von der Harvard Medical School allen Ernstes behauptet. Die kalifornische UFO Abduction Insurance bietet gar Versicherungspolicen gegen Ufo-Entführungen an. Es wird nicht lange dauern, und auch Landwirte werden sich um einen speziellen

Versicherungsschutz bemühen: Ihnen macht
die Ufobewegung nämlich weis, Außerirdische
würden, unterstützt von Geheimdiensten und
Militärs, dem lieben Vieh, das friedlich auf irdischen Weiden wandelt, heimlich Organe ex-
plantieren.

Und warum in aller Welt reisen die Ufonau-
ten Milliarden von Kilometern, um sich auf
unserem kleinen Planeten Kalbslebern, Briese
und Stierhoden zu beschaffen?

Na, warum wohl.

Sie haben wohl noch nie von Genmanipula-
tion gehört?!

Den Rest reimen Sie sich bitte selbst zusammen.

Und wer das nicht kann, der ist schon selbst
ein Opfer der galaktischen Gedankenkon-
trolle.

Die geheimen Ufo-Papiere

Philip J. Klass

Sollten Sie einmal zufällig Stanton T. Friedman, den für viele Leute interessantesten Wortführer der Ufologie, bei einem seiner häufigen Auftritte in Rundfunk, Fernsehen oder öffentlicher Diskussion erleben, dann werden Sie ganz sicher Zeuge, wie er der US-Regierung ein Ufo-Vertuschungsmanöver vorwirft: «ein kosmisches Watergate». Der Atomphysiker und Ufo-Prediger Friedman, der es immer wieder versteht, sich wirkungsvoll in Szene zu setzen, wirft dem Nationalen Sicherheitsdienst (National Security Agency, NSA) gewöhnlich vor, er würde «160 streng geheime Ufo-Dokumente» zurückhalten.

Zum Beweis fuchtelt Friedman dann meist mit mehreren Seiten einer stark zensierten, einst als streng geheim eingestuften Schrift der NSA an das US-Bezirksgericht in Washington herum. Darin wird dargelegt, warum die Freigabe der Dokumente wahrscheinlich «von Schaden für unsere nationale Sicherheit... sein würde». Dem Standpunkt der NSA schlossen sich nacheinander ein US-Bezirksgericht, ein Bundesberufungsgericht und das Oberste Bundesgericht an. Es stimmt also: Die NSA hält tatsächlich 156 Dokumente zurück, in denen es um Ufos, um unbekannte Flugobjekte, geht – fast die 160, die Friedman immer anführt.

Demnach scheint Friedman recht zu haben und die US-Regierung in der Tat etwas zu vertuschen. In Wirklichkeit ist es aber Friedman selbst, der der Öffentlichkeit Informationen im Zusammenhang mit besagten NSA-Dokumenten vorenthält – Informationen, die seine Behauptungen in Frage stellen würden.

In der Regel beschreibt Friedman die NSA als größten und geheimniskrämerischsten Geheimdienst des Landes, womit er recht hat. Doch er läßt sich wiederum auch nie über dessen verschiedene Aufgaben aus, die das Verhalten der NSA vielleicht erklären könnten.

Eine der Hauptaufgaben der NSA besteht im Abhören des Funkverkehrs potentieller Feindstaaten, im Geheimdienstjargon «communications intelligence» oder COMINT genannt. Eine zweite Aufgabe ist das Knacken

21

der Geheimcodes anderer Länder, um aufge-
fangene Funksprüche überhaupt entschlüsseln
zu können. Die dritte Aufgabe der NSA besteht in der Entwicklung eigener Verschlüsse-
lungstechniken für die Regierung und die Mili-
tärbehörden der USA, die von den Spezialisten
anderer Länder bestenfalls wiederum nicht geknackt werden können.

Der Schrift an das US-Bezirksgericht zufolge
handelt es sich bei den 156 von der NSA «zurückgehaltenen Aufzeichnungen um CO-
MINT-Berichte, die zwischen 1958 und 1979
angefertigt wurden». Das heißt, es sind dechif-
frierte Abschriften aufgefangener Funksprüche ausländischer Regierungsstellen, vermutlich aus dem Ostblock. Sie dürften entweder
von US-Agenten in der UdSSR und anderen
Ostblockstaaten oder gar von geheimen Einrichtungen in «neutralen» Ländern aufgefan-
gen worden sein.

Wenn darunter Berichte wären, die unwi-
derlegbare «Ufo-Beweise» enthielten – beispielsweise daß die russische Regierung wisse,
es handle sich bei Ufos um Raumschiffe von
Außerirdischen –, so wäre es töricht von der
US-Regierung, ein «Ufo-Vertuschungsmanöver» fortzusetzen, könnte sie doch jederzeit

von denjenigen bloßgestellt werden, die damals die Funksprüche ausgesandt hatten.

Friedman kommt offenbar gar nicht auf die Idee, die NSA könnte andere gute Gründe für die Zurückhaltung dieser Dokumente haben als nur eine Vertuschungsabsicht. Doch sicher wird auch er einsehen, daß in ihnen Quellen und Einrichtungen preisgegeben werden könnten, von denen die östlichen Mächte nichts wissen, und, was noch wichtiger ist, *welche Geheimcodes von der NSA geknackt worden und mithin nicht mehr sicher sind.*

Der Zufall wollte es, daß Tom Deuley, ein Mann mit starkem Interesse an Ufos, Mitte 1978 von der NSA eingestellt wurde und vier Jahre in der Behörde arbeitete. Er war auch zu der Zeit bei der NSA, als sich die Bürgerinitiative «Citizens Against UFO Secrecy» (Bürger gegen Ufo-Geheimhaltung) darum bemühte, eine Herausgabe der Dokumente zu erzwingen. Deuley ist heute in der Ufo-Bewegung aktiv und bekleidet in zwei einschlägigen Organisationen Ämter, im «Mutual UFO Network» MUFON und im «Fund for UFO Research» FUFOR.

Ende Juni 1987 hielt Deuley auf einer MUFON-Konferenz in Washington einen Vortrag mit dem Titel «Vier Jahre bei der NSA – und nicht ein Ufo». Darin erläuterte Deuley, er sei unmittelbar vor der MUFON-Konferenz von 1978 in Dayton/Ohio (an der er teilnahm) in die NSA-Zentrale versetzt worden. «Bevor ich losfuhr», so Deuley, «hielt ich es für nötig, die NSA über mein Interesse an Ufos zu informieren... Binnen einer Woche hatte ich einen Termin bei einigen Verwaltungsbeamten, um über meine Reise nach Dayton und mein Interesse an Ufos zu sprechen.» Deuley berichtet, er habe auf dem Treffen «nicht den Eindruck gewonnen, daß sie [die NSA] sich auch nur im mindesten für Ufos interessiert».

Später, so Deuley, «traf ich mit weiteren Mitarbeitern der NSA und anderer Behörden zusammen, die ihr Interesse an Ufos über die Jahre nicht verloren hatten», und von diesen erhielt er Zeitungsausschnitte und Karikaturen über Ufo-Vorfälle zugesandt.

Wegen seines besonderen Interesses beauftragte die NSA Deuley, gemeinsam mit anderen das Ufo-Material zu sichten. Deuley dazu: «Ich glaube, ich habe die meisten der Dokumente, deren Herausgabe in dem besagten Prozeß verweigert wurde, zu Gesicht bekommen. Es mag zwar Ausnahmen unter jenen geben, die ich *nicht* gesehen habe, aber keines von denen, die mir in die Hände kamen, enthielt irgendwelche wissenschaftlich wertvollen Informationen.»

Der ehemalige NSA-Mitarbeiter erklärte den Teilnehmern der MUFON-Konferenz: «Ich habe keine Anzeichen für ein offizielles Interesse der NSA an dem Thema [Ufos] gesehen... Ich habe von keinem Austausch von Unterlagen erfahren, der auf irgendeine Art der weiteren Beschäftigung hindeutet... Ich habe keine Anzeichen für eine echte Verfolgung des Themas entdeckt, mit Ausnahme der Existenz der Dokumente selbst.»

Deuley befürwortete die Zurückhaltung des Materials durch die NSA und wies auf die Notwendigkeit hin, geheimdienstliche Quellen und Methoden zu schützen. «Für mich steht fest, daß der mögliche Schaden für unsere nationale Sicherheit weitaus schwerwiegender ist als der Wert der fraglichen Informationen.»

Deuley folgerte, falls sich die NSA «in irgendeiner Weise aktiv mit Ufos beschäftigte, hätte ich zumindest durch die Art und Weise, wie man mich behandelte, etwas davon mitgekriegt, oder angesichts meiner Aufgeschlossenheit für das Thema hätte irgendein Mitarbeiter auf informeller Ebene etwas erwähnt. Da nichts Derartiges geschah, *zog ich den Schluß, daß Ufos für die NSA gar keine Rolle spielen*» (Hervorhebung durch den Autor).

Da ich auf der MUFON-Konferenz eine Parallelveranstaltung besuchte und Deuleys Vortrag deshalb nicht anhören konnte, bat ich ihn um ein schriftliches Exemplar seines Referats. Als er es mir schickte, schrieb er, sein Vortrag sollte «Ufo-Forscher davon abhalten, ihre Zeit damit zu vergeuden, den von der NSA mit Genehmigung zurückgehaltenen Dokumenten nachzuspüren.» Er fügte hinzu: «Die Dokumente sind die Mühe nicht wert und bringen die Ufo-Forschung keinen Schritt weiter.»

Am 25. Juli 1987 schickte ich Stanton Friedman eine Kopie von Deuleys Referat. Ich wollte natürlich wissen, ob er wohl die Meinung einer Person, die ebenfalls «an Ufos glaubt» und Informationen aus erster Hand hatte sammeln können, akzeptieren würde. Ein paar Monate später hatten Friedman und ich einen gemeinsamen Auftritt in einer Fernsehsendung in Portland/Oregon, und wieder zückte er die stark zensierte NSA-Schrift an das Bezirksgericht, um sie den Zuschauern als Beweis für ein «behördliches Vertuschungsmanöver» zu präsentieren. Den Inhalt von Deuleys MUFON-Referat erwähnte Friedman mit keiner Silbe.

Als Friedman und ich einige Zeit später, am 9. Dezember 1988, an einer Talk-Show des Radiosenders KING in Seattle teilnahmen, wurde er gebeten, seinen Vorwurf des «kosmischen Watergate» zu belegen. Friedman erwiderte: «Die NSA gibt zu, im Besitz von 160 Ufo-Dokumenten zu sein. Sie sind als streng geheim eingestuft. Nicht nur weigert sich die NSA, sie freizugeben...» Wieder kein Wort über Deuleys Aussagen.

Diese Ausführungen sind vielleicht einmal nützlich, wenn einem Mr. Friedman in Funk oder Fernsehen mit seinem «kosmischen Watergate» über den Weg läuft und dabei wieder einmal die NSA-Dokumente als Beweis anführt.

Philip J. Klass beschäftigt sich seit vielen Jahren als Redakteur und Buchautor mit der Raumfahrt und ist schon zahllosen Berichten über Ufos nachgegangen. Jüngste Veröffentlichungen: ‹UFO Abductions: A Dangerous Game› und ‹UFOs: The Public Deceived›.

Was ist Radosophie?

Cornelis de Jager

Was sind die Methoden wissenschaftlicher
Forschung? Beginnen wir mit einem Beispiel:
mit der Astrophysik. Sie ist zum Teil aus der
Astrologie hervorgegangen. Unsere Vorfahren
glaubten, auf einer flachen Scheibe zu leben,
und so konnte das Firmament mit seinen Fixsternen für sie nur eine Kuppel sein, die sich
über dem damals bekannten Teil der Erde
wölbte, einem Gebiet mit einem Radius von
ein paar tausend Kilometern. Überraschender-
weise entdeckten sie unter diesen Fixsternen
noch andere Himmelskörper – die Wandel-
sterne oder Planeten –, die oft heller leuchteten
und sich auf scheinbar willkürlichen Bahnen
am Firmament bewegten. Es ist nur logisch,
daß unsere Vorfahren, ihrer Philosophie ge-
mäß, diese Bewegungen als Botschaften der
Götter an die sterblichen Erdenbewohner deu-
teten. Sie mußten unbedingt entziffert werden.

Eine genaue Beobachtung der Planeten war von größter Wichtigkeit (außerdem mag ein gewisses Interesse an der Sache selbst das übrige getan haben).

Ihre Beobachtungen förderten bestimmte Regelmäßigkeiten zutage, und nach und nach bildete sich sogar ein analytischer Ansatz heraus. So wurde aus der Astrologie schließlich die Astronomie. Sternenkundige entwickelten Modelle der planetarischen Bewegungen – das ptolemäische Modell ist wohl das bekannteste. Die astrologischen Ursprünge dieser Modelle waren allerdings nicht zu verleugnen, im ganzen Altertum blieben sie eng mit der Astronomie verflochten. Lange Zeit machte man nicht einmal einen Unterschied in der Bezeichnung. Außerdem basierten fast alle Konzepte des Universums auf der platonischen Vorstellung einer Ideenwelt, deren vereinfachtes und unvollkommenes Spiegelbild die erfahrene Wirklichkeit sei.

In der wissenschaftlichen Literatur wurde verschiedentlich die Frage aufgeworfen, ob Ptolemäus wohl ein Betrüger gewesen sei. Es ist bekannt, daß er, um seine Theorie darzustellen, gelegentlich auf diejenigen empirischen Daten zurückgriff, die am besten zu den

Voraussagen seines Modells paßten, und es sieht so aus, als habe er in anderen Fällen nicht gezögert, die Daten zu verfälschen, um eine bessere Übereinstimmung zu erzielen. Heutzutage wäre dies ein klarer Fall von Wissenschaftsbetrug, doch im Rahmen der platonischen Ideenlehre hatte ein solches Vorgehen im griechischen Altertum durchaus seine Berechtigung.

Die Forderung, am Anfang habe die Beobachtung zu stehen, die dann erst interpretiert und in Regeln und «Gesetzen» zusammengefaßt werden müsse (der Grundgedanke also, daß Forschung empirisch sein sollte), wurde erst gegen Ende des Mittelalters deutlich formuliert, auch wenn einzelne aufgeklärte Geister sie bereits früher erhoben hatten. Umgekehrt wurden aber auch weiterhin und bis in die Gegenwart neoplatonische Ideen vertreten.

Wie sehr man in der Renaissance und der Zeit danach um ein klares Konzept wissenschaftlichen Vorgehens bemüht war, läßt sich an vielen Beispielen zeigen: Kopernikus etwa – einerseits Verfechter einer revolutionären Theorie, vertrat andererseits weiterhin die neoplatonische Lehrmeinung, wonach die Planeten sich auf kreisförmigen Bahnen bewegen.

Der Kreis galt nämlich als die vollkommenste Form, und man glaubte doch: «Göttlichkeit handelt immer geometrisch» (Pythagoras). Verglichen mit dem kopernikanischen System erscheint das des dänischen Astronomen Tycho Brahe als Rückschritt (denn es ist geozentrisch), es paßte nun jedoch besser zu den vorliegenden Beobachtungen.

Daß Roger Bacon (im 13. Jahrhundert), aber auch Tycho Brahe (im 16. Jahrhundert) und sogar Isaac Newton Alchemie betrieben, mag uns seltsam erscheinen, doch das Studium der Alchemie hatte – im Gegensatz zur Astrologie – den Vorzug einer empirisch orientierten Vorgehensweise.

Es stellt sich sowieso die Frage, ob es eine wirklich standardisierbare «wissenschaftliche Methode» überhaupt gibt. Meines Erachtens gibt es sie nicht. Wissenschaftliche Forschung beruht auf Logik, gesundem Menschenverstand und Erfahrung bei der Interpretation von Beobachtungen allgemeiner Art. Im Laufe der Jahrhunderte hat der Mensch Techniken entwickelt und verfeinert, die es ihm erlauben, aus Beobachtungen «Gesetze» abzuleiten – oder zu überprüfen, inwieweit eine wissenschaftliche Schlußfolgerung (respektive ein neues Gesetz) korrekter ist als eine frühere Version. Die Methoden sind allerdings vielfältig und sehr verschieden.

Einige Kriterien lauten:

- Die Beweisführung sollte logisch und rational sein.
- Die Beweisführung sollte vollständig und schlüssig sein; sie sollte keine Lücken enthalten.
- Die Hypothese sollte widerlegbar, der experimentelle Beweis wiederholbar sein.
- Die einfachste Annahme ist oft die beste («Ockhams Rasiermesser»).
- Die Wahrscheinlichkeit einer zufälligen Übereinstimmung von Daten sollte verschwindend gering sein.
- Sehr unwahrscheinlichen oder außergewöhnlichen Behauptungen sollte man mit extremer Vorsicht und allzeit bereitem Mißtrauen begegnen; sie müssen durch schlagende Beweise abgesichert werden.

Man darf jedoch einen dialektischen Aspekt nicht vergessen: Oft sind es gerade die erfolgreichsten und produktivsten Wissenschaftler, die kühn eine neue Hypothese vorstellen, ohne sich dabei auf überzeugende und überwältigende Beweise zu berufen; statt dessen folgen sie eben erst entdeckten Daten, spärlichen oder ungenauen Informationen und häufig auch bloß ihrer Intuition.

Der Unterschied zwischen Wissenschaft und Pseudowissenschaft ist, daß in letzterer einige oder alle der oben genannten Kriterien nicht berücksichtigt werden.

Die Pseudowissenschaft

- akzeptiert Resultate, die von qualitativ nicht ausreichenden Beweisen gestützt werden;
- verfälscht oder übergeht empirische Daten, die sich mit der favorisierten Annahme oder Theorie nicht in Einklang bringen lassen, sie beschränkt sich auf die Daten, die am besten passen;
- zieht Koinzidenz und Korrelation zur Beweisführung heran und verwechselt Korrelation mit Kausalität;
- legt oft übermäßig großes Gewicht auf die Theorie, in der Erwartung, diese werde alles, was noch unbegreiflich bleibt, erklären können.

Ich will meine Bemerkungen über die Pseudowissenschaft verdeutlichen, und zwar mit der Radosophie. Während die große Zeit der Astrologie als Wissenschaft vorbei und sie als

33

Forschungsfeld so gut wie verschwunden ist, sind andere pseudowissenschaftliche Anschauungen mit einer Verbindung zur Astronomie noch immer verbreitet. Eine davon ist die «Religion» der Großen Pyramide. Sie kam im ersten Viertel unseres Jahrhunderts auf, als Forscher erstmals die ägyptischen Pyramiden untersuchten. Insbesondere die Cheopspyramide erregte Aufmerksamkeit, und sie hat tatsächlich einige astronomische Besonderheiten zu bieten. Sie ist mit großer Genauigkeit nach Norden ausgerichtet, und das Verhältnis von Höhe zu Basisseitenlänge beträgt 1 zu $\pi/2$. Die erste Tatsache beweist, daß die alten Ägypter die Himmelsrichtungen sehr genau bestimmen konnten, die zweite galt als Beweis dafür, daß die Ägypter die Zahl π bereits kannten. Mir scheint, bei letzterem könnte es sich um einen Zufall handeln. Spätere Forschungen haben ergeben, daß früher gebaute Pyramiden einstürzten, weil sie steiler waren. Nach mehreren Experimenten hatte man also mutmaßlich herausgefunden, woran es lag, und baute weniger steil.

Piazzi-Smith und andere stellten extreme Behauptungen auf. Nachdem man als Längenmaß das «Pyramiden-Yard» (PY) zugrunde ge-

legt hatte – es beträgt 1/20 000 000 des Erd-
durchmessers (64 Zentimeter) –, stellte man
fest, daß die Basisseitenlänge der Großen Pyramide 365,25 PY mißt – was wiederum genau
der Anzahl der Tage im Jahr entspricht. Soll
das heißen, die Erbauer der Pyramide kannten
den Durchmesser der Erde? Oder die tagge-
naue Dauer eines Jahres? Beachten Sie, daß
derart präzise Zahlenangaben eine Vermes-
sung der Basisseitenlänge mit der erstaun-
lichen Genauigkeit von fünfzehn Zentimetern
voraussetzen, was sich angesichts des Zu-
stands der Pyramide als schwierig erweisen
dürfte. Außerdem aber beträgt das Doppelte
der Diagonalen genau 25 826 Pyramiden-Inches (1 PI entspricht 1/25 PY), und das ist der
Präzessionszyklus der Erdachse in Jahren.
Wohlgemerkt: diejenigen, die diese Zahl mit
einer solchen Genauigkeit angeben, behaupten
damit implizit, sie hätten die Diagonale mit
einer Genauigkeit von weniger als 1 PI, also in
der Größenordnung von Zentimetern vermes-
sen.

Doch das war noch nicht alles, man tönte
des weiteren, es ließe sich eine mathematische
Formel finden, mit welcher die Basisseitenlänge der Pyramide (in PY) in Relation zur Ent-

fernung zwischen Erde und Sonne (in Kilometern) gesetzt werden könne. Das würde bedeuten, die Erbauer der Pyramide kannten bereits mehrere tausend Jahre vor der Einführung des metrischen Systems die Länge eines Kilometers. Man stellte noch weitere solcher bemerkenswerten Zusammenhänge zwischen baulichen Daten der Großen Pyramide und Daten aus der Astrophysik oder der Geschichte der Menschheit fest, und diese erregten in weiten Kreisen großes Interesse und Verblüffung. Die Religion der Großen Pyramide blühte und gedieh.

Verschiedene Aspekte pseudowissenschaftlicher Beweisführung sind hier ganz deutlich auszumachen. Am offensichtlichsten ist eine übersteigerte Ehrfurcht vor zufälligen Übereinstimmungen von Zahlen, und einhergehend damit wird die mögliche Anzahl mathematischer Relationen zwischen einfachen Zahlen unterschätzt.

Um das zu verdeutlichen, möchte ich nun eine neue Religion vorstellen. Sie gründet sich auf mein Hollandrad. Warum? Weil ein Fahrrad in meiner Heimat praktisch denselben Status besitzt wie die Pyramiden im alten Ägypten. In meinem Land gibt es 15 Millionen Holländer, aber 16 Millionen Fahrräder.

Ich vermaß die Durchmesser

- des Pedalwegs, der die vorwärtsschreitende Dynamik symbolisiert;
- des Vorderrads, das meinen Weg in eine unbekannte Zukunft lenkt;
- der Lampe, die mir meine Pfade erleuchtet;
- der Klingel, die mir zur Kommunikation mit Entgegenkommenden dient.

So legte ich den elementaren Grundstein für eine neue holistische, vierdimensionale Religion, die des anbrechenden Wassermannzeitalters würdig ist: die Radosophie.

Die Meßergebnisse wurden in Heilige-Fahrrad-Inches umgerechnet. 1 HFI entspricht 17 Millimetern, denn 1 ist die erste und 17 die siebte Primzahl, und die Sieben ist außerdem die heilige Zahl.

Wenn ich die vier gemessenen Werte mit P, W, L und B benenne, zeigt sich, daß

$$P^2 \sqrt{L} \times B = 1823$$

und siehe da, dies entspricht dem Quotienten der Massen von Proton und Elektron. Ich finde es bemerkenswert, daß eine solch simple Relation zwischen drei Parametern meines Fahrrads eine so fundamentale Konstante ergibt; der Schöpfer meines Rades muß sehr begabt gewesen sein. Möglicherweise besaß er übernatürliche Kräfte, denn vielleicht waren ihm die Werte der Massen von Proton und Elektron gar nicht bekannt.

Aber das ist ja noch nicht alles. Die «Feinstrukturkonstante», eine für die Grundlagenphysik sehr bedeutsame Zahl, lautet 137,0. Und – man staune:

$$P^4 / W^2 = 137,0$$

Die Gravitationskonstante lautet
$G = 6,67 \times 10^{-8}$, und siehe da:
$$P^{-5\ 3}\sqrt{L/WB} = 6,67 \times 10^{-8}$$

Ebenso besteht eine Beziehung zwischen meinem Fahrrad und grundlegenden astronomischen Daten. Zum Beispiel beträgt die Entfernung zwischen Erde und Sonne, in Einheiten von hundert Millionen Kilometern ausgedrückt, 1,496. Was stelle ich fest? Daß

$$P^{1/2} B^{1/3} / L = 1,496$$

Die Lichtgeschwindigkeit beträgt $2,998 \times 10^5$ Kilometer pro Sekunde. Aus meinen Fahrradparametern errechne ich
$$W^\pi P^2 L^{1/3} B^5 = 2,999 \times 10^5$$

Aufgrund der Differenz zwischen den letzten Ziffern möchte ich den Physikern eine Neuberechnung der Lichtgeschwindigkeit nahelegen, denn angesichts der zitierten exakten Übereinstimmungen scheint es sehr unwahrscheinlich, daß der Fehler bei meinem Fahrrad liegt.

Ich könnte die Liste der Kombinationen noch erheblich verlängern. Ich könnte mein Fahrrad zu jeder willkürlich gewählten Zahl in Relation setzen – vom Alter des Weihnachtsmannes bis zur Anzahl der Blumen in meinem Garten. Alle Rechnungen würden aufgehen.

Doch weder an der Großen Pyramide noch an meinem Fahrrad ist irgend etwas Besonderes.

Wählen Sie vier Zahlen A, B, C und D und bringen Sie sie in folgende Rechnung ein:

$$A^a \times B^b \times C^c \times D^d$$

wobei Sie für ^{a}, ^{b}, ^{c} und ^{d} ganze Zahlen zwischen 5 und -5 sowie die positiven und negativen Werte π, $1/2$ und $1/3$ einsetzen können. Es gibt 83 521 mögliche Kombinationen, und die Wahrscheinlichkeit, daß eine davon einer zuvor bestimmten festen Größe (mit einer Abweichung von 0,01 Prozent) entspricht, ist etwa eins. (Beachten Sie, daß ich im vorigen

Teil vorsichtig genug war, alle festen Größen mit lediglich drei oder vier Stellen anzugeben!) Ein einfaches Computerprogramm kann all die Kombinationen ausdrucken, die der festen Größe mit einer Abweichung von, sagen wir, 0,1 Prozent entsprechen. In den meisten Fällen waren es etwa zehn mögliche Kombinationen, aus denen ich dann die besten ausgesucht habe. Ein größerer Rechner als meiner, der auf mehr Variablen und Formeln zurückgreifen kann, würde noch weit bessere Ergebnisse ausspucken.

In numerischen Experimenten wie auch im täglichen Leben gibt es immer wieder Fälle von Koinzidenz. Wer nicht begreift, daß solche zufälligen Übereinstimmungen nicht «selten» sind, verwendet sie entsprechend unangemessen und inkorrekt, um die Existenz paranormaler Vorgänge zu beweisen. Die meisten Menschen unterschätzen die gewaltige Menge möglicher Kombinationen von Zahlen. Und das hat es vielen pseudowissenschaftlichen Auffassungen leichtgemacht, sich auszubreiten und allgemeine Anerkennung zu finden.

Cornelis de Jager ist Astrophysiker am Labor für Weltraumforschung in Utrecht, Niederlande.

Aus der radosophischen Fachdebatte
Leserbriefe

In seinem Beitrag «Was ist Radosophie?» bemerkt Cornelis de Jager ganz richtig, daß sich die Höhe der Cheopspyramide (481) zur Basisseitenlänge (755) verhält wie 1 zu $\pi/2$. Tatsächlich finden sich in allen Maßen der Pyramide sehr genaue Zahlenverhältnisse, in denen π auftaucht, und hierfür gibt es eine einleuchtende Erklärung. Zunächst möchte ich aber darauf hinweisen, daß die ägyptische Mathematik zur Zeit der Pyramiden (2800–2300 v. Chr.) alles andere als fortgeschritten war. Wie aus dem Rhind-Papyrus (1700 v. Chr.) hervorgeht, stellten Bruchrechnungen ein großes Problem dar; man kannte sehr wohl das Konzept (nicht aber den Wert) von π und verwendete einen Annäherungswert von $22/7$. π war kein in der Großen Pyramide «versiegeltes» Geheimnis.

Der Grund für das gehäufte Auftreten dieses Wertes ist simpel und jedem Stellmacher einleuchtend. In einer Monographie über die Maße und Gewichte der alten Ägypter bemerkt Sir Flinders Petrie, daß beim Bau der Cheopspyramide die Elle als Längenmaß strikt eingehalten wurde. Bis dahin und auch beim Bau der früheren Pyramiden variierte die Länge der Elle von Mal zu Mal, und oft wurde beim Bau einer Pyramide mit verschiedenen Ellen gemessen. Als die Geometer den Standort der Cheopspyramide vermaßen, war die Elle jedoch zu einer festen Maßeinheit geworden. Um längere Strecken abzumessen, rollte man ein Rad mit einem Durchmesser von einer Elle und zählte die Umdrehungen. Auf diese Weise kam die Zahl π in die Metrik des Bauwerks und findet sich dementsprechend überall in den Maßen der Pyramide.

Zweitens: Die alten Baumeister waren nicht dumm. Kurt Mendelssohn hat gezeigt (*American Scientist*, 59:2, 1971), daß die Pyramiden im Trial-and-error-Verfahren gebaut wurden, bis mit den Proportionen der Cheopspyramide schließlich ein zufriedenstellendes Ergebnis erreicht war. Zufriedenstellend insofern, als den Baumeistern daran lag, Arbeit und Material zu sparen und gleichzeitig eine stabile Struktur zu errichten.

Der letzte und für mich wichtigste Punkt ist de Jagers Bemerkung: «Sie hat tatsächlich einige astronomische Besonderheiten zu bieten.» Das stimmt nicht. Die vielzitierte Ausrichtung nach Norden hatte religiöse Bedeutung und kann nach einer in meinem vierzig Jahre alten Pfadfinderhandbuch angegebenen Methode berechnet werden. Die Baumeister «zielten» mit der Pyramide auch nicht auf Alpha Draconis. Alpha Draconis konnte vom Ende des betreffenden Ganges gar nicht gesehen werden. Auch andere Beispiele zeigen, daß die Luftschächte nicht auf Himmelskörper ausgerichtet wurden.

Alles in allem schwebte den Erbauern der Cheopspyramide wohl kaum ein mathematisches Museum vor. Und wahrscheinlich hätten viele der Sklaven am liebsten ein 1,90 Meter (3,5 Ellen) tiefes Loch gegraben und den alten Tyrannen darin versenkt.

R. L. Walker, Flagstaff, Arizona

Cornelis de Jager schreibt das Vorhandensein der Zahl π in den Dimensionen der Großen Pyramide einem Zufall zu. Dieses Verhältnis ist jedoch keineswegs zufällig, sondern ein Ergebnis der Bauweise.

Ich bin Physiker und Ingenieur und habe gelegentlich Vorträge über den Mythos der Pyramiden gehalten, darum weiß ich, es gibt keinen historischen Beweis, daß die Erbauer der Pyramiden den Wert von π kannten. Der erste (inkorrekte) Wert taucht erst tausend Jahre später auf. Dennoch beträgt die doppelte Basisseitenlänge der Großen Pyramide, dividiert durch die Höhe, fast genau π.

Die Neigung der Seitenflächen der Großen Pyramide, die das Verhältnis von Basis zu Höhe bestimmt, beträgt etwa 52 Grad. Warum entschied man sich von allen möglichen Werten ausgerechnet für diesen? Natürlich wurde die Neigung während des Baus ständig kontrolliert, damit sie konstant blieb. Wenn die Messungen in Ellen vorgenommen wurden, die in 28 Finger unterteilt waren, dann entspricht die Neigung der Pyramide der Regel «Eine Elle aufwärts und 22 Finger einwärts». Dadurch ergibt der Quotient aus der doppelten Basisseitenlänge und der Höhe genau 3 1/7, und das ist als Näherungswert für π ziemlich gut.

Ich weiß nicht, ob ich traurig oder froh darüber sein soll, daß die alten Ägypter nie eine Pyramide gebaut haben, bei der das horizontale Maß 19 Finger betrug. Bei einer solchen Pyramide würde das Doppelte der Basisseitenlänge, dividiert durch ihre Höhe, mit einer Abweichung von 0,15 Prozent beim Wert e liegen, welcher die Grundlage der natürlichen Logarithmen ist. Es ist schon schlimm zu behaupten, die Ägypter hätten Archimedes vorweggenommen. Aber immerhin bleibt uns dasselbe für Euler und Napier erspart.

Tom Napier
North Wales, Pennsylvania

Cornelis de Jager berührt in seinem Artikel beiläufig einen Punkt, der, wenn auch vielleicht nicht von zentraler Bedeutung, so doch hilfreich sein kann, wenn es darum geht, die Kompetenz derer zu beurteilen, die die Wunder der Pyramiden, von Stonehenge und so weiter preisen.

De Jager erwähnt, das Verhältnis der Höhe der Großen Pyramide zu ihrer Seitenlänge sei 1 zu $\pi/2$, was scheinbar darauf hindeute, daß die Baumeister den Wert der Zahl π gekannt haben. Des weiteren betrage die Seitenlänge in «Pyramiden-Yards» genau 365,25, woraus manche folgerten, die Ägypter hätten die Länge eines Jahres genau gemessen. Eigentlich finde ich beide Behauptungen gar nicht so unplausibel – doch dann schießen die Mystifizierer sich selbst in den Fuß, indem sie sagen: «Außerdem beträgt das Doppelte der Diagonalen genau 25 826 Pyramiden-Inches (1 PI entspricht 1/25 PY), und das ist der Präzessionszyklus der Erdachse in Jahren.» Sind drei Zufälle überzeugender als zwei? In diesem Fall nicht: Sobald die Seitenlänge so bemessen ist, daß sie der Anzahl der Tage im Jahr entspricht und die Höhe in einem Verhältnis zum Wert der Zahl π steht, liegt die Länge der Diagonalen fest. Der Planer hat keine Freiheit, sie irgendeiner dritten Konstanten anzupassen. Und jeder, der mir erzählen will, diese Größenverhältnisse seien bedeutsam, sollte mir erst einmal erklären, warum durch π die Zahl der astronomischen Tage im Jahr in einem Verhältnis zum Präzessionszyklus der Erdachse steht.

Mark Drake
Legett, Kalifornien

Ich fand Cornelis de Jagers Artikel über Radosophie sehr beeindruckend und erhellend.

Mein einziger Einwand lautet, daß die Feinstrukturkonstante meines Wissens nicht 137,0 ist, sondern der Kehrwert dieser Zahl.

Ich frage mich daher, ob de Jager bei der Entwicklung seiner Radosophie sein Heiliges Fahrrad zeitweise auf dem Kopf stehend gefahren hat.

Karl Lembke
Los Angeles, Kalifornien

Der hundertste Affe

Ron Amundson

Ein in New-Age-Kreisen beliebtes Beispiel für «kollektives Bewußtsein» – das spontane Auftreten von Kartoffelwaschverhalten in einer Gruppe von Affen – erweist sich bei näherer Überprüfung als Humbug. Die Art, wie diese Behauptung verbreitet wurde, ist ein typisches Beispiel für pseudowissenschaftliche Methoden.

Das «Phänomen des hundertsten Affen» erhielt diesen Namen von Lyall Watson (1979), der sich bei der Darstellung des zugrundeliegenden Falls auf fünf Aufsätze respektabler japanischer Primatenforscher beruft (Imanishi 1963; Kawai 1963 und 1965; Kawamura 1963 und Tsumori 1967). Watsons Diskussion dieses Phänomens umfaßt nicht ganz zwei Seiten. Dieser kurze Bericht hat jedoch Furore gemacht. In Anlehnung an Watson erschienen ein Buch (Keyes 1982), ein Newsletter-Artikel

48

(*Brain/Mind Bulletin* 1982) und ein Film (Hartley 1983), jeweils mit dem Titel «Der hundertste Affe». Ferner finden sich ein Zeitschriftenartikel mit der Überschrift «Der ‹hundertste Affe› und das Überlebensstreben der Menschheit» (Stein 1983) sowie der Aufsatz «Der Quantenaffe» in einem populärwissenschaftlichen Magazin (*Science Digest* 1981). Alle genannten Arbeiten verlassen sich, was das erstaunliche, übernatürliche Verhalten von Primaten anbelangt, auf Watson als einzige Quelle.

Die Affen, um die es hier geht, sind in der Tat bemerkenswerte Tiere. Es handelt sich um japanische Makaken (*Macaca fuscata*), die in wildlebenden Stämmen auf mehreren japanischen Inseln anzutreffen sind. Sie werden schon seit langem beobachtet. In den Jahren 1952/53 begannen Primatologen außerdem, diese Affenstämme mit Nahrung wie Süßkartoffeln und Weizen zu versorgen. Das hielt die Affen davon ab, Farmland zu plündern, und erleichterte zudem die Beobachtung. Die Nahrung wurde an gut einsehbaren Stellen ausgelegt, häufig an Stränden. Als Folge dieser veränderten ökonomischen Bedingungen entwickelten die Affen mehrere neue Verhaltensweisen. Eine davon wurde 1953 von einem achtzehn Monate alten weiblichen Jungtier namens Imo initiiert. Imo gehörte zum Stamm auf der Insel Koshima. Sie fand heraus, daß sich die Süßkartoffeln von Sand und Steinchen befreien ließen, indem man sie im Fluß beziehungsweise im Meer wusch. Imos Mutter und ihre Spielgefährtin guckten sich den Trick von Imo ab, und so verbreitete er sich bald auch unter den anderen Stammesmitgliedern. In diesem Fall lernten also die älteren Affen das innovative Verhalten von den jüngeren (üblicherweise ist es umgekehrt). Watson zufolge wuschen zu Beginn des Jahres 1958 bereits sämtliche Jungtiere auf Koshima ihre Kartoffeln, während noch nicht alle erwachsenen Affen die neue Sitte von den Jungen gelernt hatten. Im Herbst desselben Jahres aber ereignete sich auf Koshima angeblich etwas höchst Erstaunliches, und auf dieses Geschehen bezieht sich nun die ganze Mär vom «hundertsten Affen».

Welcher Natur dieses Ereignis eigentlich war, ist nicht ganz klar. Watson schreibt:

«Die Geschichte muß man sich aus persönlichen Anekdoten und den unter Primatenforschern kursierenden Geschichten zusammenreimen, da die meisten Wissenschaftler bis heute nicht ganz sicher sind, was da passiert ist. Und diejenigen, die die Wahrheit ahnen, zögern, sie publik zu machen, aus Angst, der Lächerlichkeit anheimzufallen. Ich bin daher gezwungen, die Details zu improvisieren, aber soweit ich rekonstruieren kann, hat sich wohl folgendes zugetragen. Im Herbst jenes Jahres wusch bereits eine nicht näher spezifizierte Zahl von Affen Süßkartoffeln im Meer... Nehmen wir zu Darstellungszwecken einmal an, daß es neunundneunzig waren und daß an einem Dienstag um elf Uhr vormittags ein weiterer Konvertit auf die übliche Weise zu dieser Gruppe stieß. Mit dem Hinzukommen dieses hundertsten Affen überschritt die Zahl jedoch offenbar eine Art Schwelle, eine bestimmte kritische Masse, denn schon am Abend desselben Tages tat es fast der gesamte Rest der Herde. Und nicht nur das: das Verhaltensmuster scheint sogar natürliche Barrieren übersprungen zu haben und – ähnlich wie Glyzerinkristalle in hermetisch verschlossenen Reagenzgläsern – auch in Kolonien auf anderen Inseln sowie bei einem Trupp in Takasakiyama auf dem Festland spontan aufgetreten zu sein.»

Watson behauptet, unter den Affen sei eine

Art Gruppenbewußtsein entstanden, und zwar schlagartig, nachdem ein entscheidender weiterer Affe das Kartoffelwaschen auf bis dato konventionellem Weg erlernt hatte. Der plötzliche Lernsprung des restlichen Koshima-Stammes resultierte demgegenüber nicht mehr aus dem individuellen Lernen, wie es in den Vorjahren stattgefunden hatte. Das neue Phänomen des Gruppenbewußtseins sei auch für die nicht minder plötzliche Übernahme des neuen Verhaltens durch Affen auf anderen Inseln und auf dem Festland verantwortlich. Watson räumt ein, er sei gezwungen gewesen, einige Details zu «improvisieren»; Wochentag, Tageszeit sowie die für das Überschreiten der «kritischen Masse» erforderliche Zahl von Affen seien in der wissenschaftlichen Literatur nicht spezifiziert. Festzustehen scheint jedoch seiner Darstellung zufolge, daß schon bis zum Abend (oder jedenfalls binnen sehr kurzer Zeit) fast der gesamte Stamm (oder zumindest ein großer Teil der restlichen Affen) das neue Verhaltensmuster übernahm. Erstaunlich an diesem angeblichen Sprung ist zum einen die vergleichsweise schleichende Verbreitung des Verhaltensmusters während der ersten fünf Jahre; noch bemerkenswerter scheint das plötzliche Überspringen naturgegebener Barrieren als Folge des «Wunders von Koshima».

Im folgenden gilt es zu untersuchen, inwieweit Watsons Darstellung mit den von ihm selbst angeführten wissenschaftlichen Quellen übereinstimmt. Natürlich dürfen wir nicht zuviel von diesen Quellen erwarten; Watson hatte ja schon gewarnt, daß die Geschichte nie vollständig erzählt worden sei und er Details habe «improvisieren» müssen. Aber wir dürfen uns doch wohl immerhin Anhaltspunkte für dieses wundersame Naturereignis von Koshima im Jahr 1958 erhoffen. Insbesondere sollte man meinen, daß sich in den Quellen erstens Belege für einen plötzlichen Lernsprung innerhalb des Stammes (wenn auch vielleicht nicht innerhalb eines Nachmittags) sowie zweitens für das plötzliche Auftreten von Kartoffelwaschverhalten kurz danach in anderen Stämmen finden müßten. Wir sind schon darauf gefaßt, daß drittens die Literatur vermutlich *keinen* Aufschluß über bestimmte wichtige Details geben wird: Es dürften sich dort keine exakten Angaben darüber finden lassen, wie viele Affen vor oder nach dem Ereignis von 1958 ihre Kartoffeln wuschen, und wohl auch keine Er-

53

klärung für den allgemeinen Lernschub nach dem einschneidenden Ereignis von Koshima. Schließlich behauptet Watson ja gerade, dieses Ereignis habe einen *paranormalen* Lernvorgang ausgelöst.

Diese drei Erwartungen wollen wir jetzt überprüfen. Die folgenden Ausführungen beziehen sich ausschließlich auf die von Watson selbst zitierte Literatur zum Thema Makaken.

Fast alles, was überhaupt an Informationen über den Stamm von Koshima vorliegt, steht in einem Zeitschriftenartikel von Masao Kawai (1965); die übrigen Aufsätze sind letztlich sekundär. Kawais Artikel gibt eine erstaunlich detaillierte Darstellung des Geschehens auf Koshima. Der Stamm bestand 1952 aus zwanzig Affen und wuchs bis 1962 auf neunundfünfzig Tiere an (zumindest numerisch hat es also auf Koshima nie einen «hundertsten Affen» gegeben). Watson zufolge hatte bis zum Jahr 1958 eine «nicht näher spezifizierte Zahl» von Affen das Kartoffelwaschen erlernt. Tatsächlich ist diese Zahl alles andere als unspezifiziert: Kawais Artikel enthält genaue Angaben zum zeitlichen Verlauf der Verbreitung des Kartoffelwaschens, darüber hinaus zu Geburtsdaten und Abstammungsverhältnissen *sämtlicher Affen des Koshima-Stammes zwischen 1949 und 1962*! Im März 1958 hatten exakt zwei von elf Affen der Altersgruppe über sieben Jahre das Kartoffelwaschen erlernt, während es in der Gruppe der Zwei- bis Siebenjährigen fünfzehn von neunzehn waren. Das ergibt zusammen siebzehn von dreißig der über zweijährigen Affen.

Von einem plötzlichen Lernereignis im Herbst 1958 allerdings ist weder in diesem Aufsatz noch in irgendeinem der anderen die Rede. Vermerkt ist hingegen, daß im Jahre 1962 insgesamt neunundvierzig Tiere besagtes Verhaltensmuster erworben hatten. Demnach wuchsen sowohl die Gesamtpopulation als auch die Gruppe der Kartoffelwäscher in diesem Zeitraum (vier Jahre) um neunzehn Tiere an. Vielleicht war es ja dieser Umstand, der Watson auf einen plötzlichen Sprung im Herbst 1958 schließen ließ. Und vielleicht (denn wir sind hier auf Spekulationen angewiesen) wurde er in dieser Idee durch den folgenden Satz von Kawai bestärkt: «Der Erwerb des [Kartoffelwasch-]Verhaltens läßt sich in zwei Phasen untergliedern: vor und nach 1958.»

Kawai gibt also keine Jahreszeit an, in der

ein plötzlicher Sprung stattgefunden habe, und erst recht keinen bestimmten Monat oder gar Wochentag. Immerhin, er nennt das Jahr 1958 als eine entscheidende Marke. Aber gibt uns Kawai irgendwelche Rätsel auf, was den Unterschied der beiden Phasen betrifft? Ist er «selbst nicht sicher, was da passiert ist»? Zögert er, Einzelheiten zu benennen, «aus Angst, der Lächerlichkeit anheimzufallen»? Ganz und gar nicht. Er erzählt die ganze Geschichte, und zwar geradezu detailbesessen. Die Lernphase nach 1958 zeichnet sich gerade durch ihre Normalität aus. Die Zeit von 1953 bis 1958 war eine Phase aufregender Innovationen gewesen. Der Stamm hatte sich plötzlich mit neuen Nahrungsquellen konfrontiert gesehen, und die Jungtiere hatten Verfahren entwickelt, mit diesen Nahrungsquellen umzugehen. Bis zum Jahr 1958 waren diese Jungtiere jedoch ins Establishment hineingewachsen: Makaken reifen schneller als Menschen. Das ungewöhnliche Verhaltensschema, wonach die erwachsenen Tiere von den Jungtieren lernten, wich nun wieder dem traditionellen Muster: die Makaken-Kinder übernahmen die Tischsitten auf dem Schoß der Mutter. Imos erstes Junges, ein Männchen namens «Ika»,

56

wurde 1957 geboren und genau wie die Jungen ihrer einstigen Spielgefährtinnen zu einem braven kleinen Kartoffelwäscher erzogen. Kawai bezeichnet die Zeit von 1953 bis 1958 als eine Periode «individueller Verbreitung», die Zeit nach 1958 hingegen als eine Periode «präkultureller Verbreitung». Dieser letzte Terminus bezeichnet etwas, was bei Affen durchaus nicht unüblich ist. Unter normalen Umständen hat jede Gruppe ihre spezifischen Verhaltenseigenheiten und Gebräuche, die mit «präkulturellen» Mitteln tradiert werden. Die Vorsilbe verrät lediglich ein gewisses Zögern, das Verhalten von Affen als genuin «kulturell» einzustufen.

Kawais Darstellung läßt also nichts offen. Demnach ist im Jahre 1958 nichts Rätselhaftes oder auch nur Plötzliches passiert. Die Jahre 1958 und 1959 waren die Zeit, in der eine Gruppe innovativer Heranwachsender ins Erwachsenenalter eintrat. Die Hippies der sechziger Jahre haben ähnliches erlebt.

Tatsächlich war 1958 sogar ein mageres Jahr, was die Verbreitung des Kartoffelwaschverhaltens auf Koshima anbelangt. Nur zwei Affen erlernten es in dieser Zeit: die weiblichen Jungtiere Zabon und Nogi. Während der fünf vorangegangenen Jahre waren es immerhin im Schnitt jährlich drei Tiere gewesen. Es deutet nichts darauf hin, daß Zabon und Nogi mit übersinnlichen Kräften begabt oder sonst außergewöhnlich gewesen wären.

Wie steht es nun mit den Stämmen außerhalb von Koshima? In der Tat berichten zwei Quellen, das tierische Kartoffelwaschen sei in mindestens fünf Kolonien außerhalb von Koshima beobachtet worden (Kawai 1965, S. 23; Tsumori 1967, S. 219). In beiden Berichten heißt es jedoch ausdrücklich, man habe es nur bei einigen wenigen Individuen beobachtet und in keinem Fall in der gesamten Kolonie verbreitet gefunden. Wann diese Verhaltensweise auftrat, wird nicht erwähnt, aber es muß irgendwann zwischen 1953 und 1967 registriert worden sein. Es deutet also nichts darauf hin, daß es in unmittelbarem Anschluß an irgendein wundersames Ereignis auf Koshima im Herbst 1958 einsetzte oder plötzlich zu irgendeinem anderen Zeitpunkt.

Was bleibt vom Wunder demnach übrig? Eigentlich gar nichts; Watsons Darstellung der Geschehnisse wird durch die von ihm selbst genannten Quellen *höchst detailliert* widerlegt. Im Gegensatz zu Watsons Postulat eines plötzlichen und unerklärlichen Sprungs heißt es hier sogar ausdrücklich: «Solche Verhaltensmuster werden offenbar langsam, aber stetig unter den Stammesmitgliedern weitergegeben und der nachwachsenden Generation tradiert» (Tsumori 1967, S. 207).

Watson hat die von ihm zitierten wissenschaftlichen Aufsätze entweder nicht richtig gelesen oder verzerrt wiedergegeben. Es lohnt sich, seine Argumentations- und Darstellungsweise sowie das populärwissenschaftliche Echo, das er damit fand, einer genaueren Betrachtung zu unterziehen, denn hier läßt sich die klassische pseudowissenschaftliche Vorgehensweise exemplarisch vorführen. Es geht vor allem um folgende Punkte:

1. *Nebulöse Informationsquellen*: Watson erklärt, das zugängliche wissenschaftliche Material lasse wichtige Daten offen, da diese «nicht näher spezifiziert» seien. Das ist schlicht falsch. Und er verfeinert diesen Trick, indem er behauptet, die meisten Wissenschaftler seien noch immer nicht sicher, was passiert sei; diejenigen aber, die «die Wahrheit ahnten», würden «zögern, sie publik zu machen, aus Angst, der Lächerlichkeit anheimzufallen». So schafft Watson dreierlei auf einen Streich: sich selbst als mutig zu apostrophie-

ren; zu begründen, warum man von diesem wundersamen Phänomen bisher noch nichts gehört hat; und den Leser von einer Überprüfung der genannten Quellen abzuhalten. Watson zog die wirkliche Geschichte aus «persönlichen Anekdoten und den unter Primatenforschern kursierenden Geschichten». Uns allen, die wir nicht mit solchen Leuten plauschen, bleibt nur, Watson zu vertrauen. Diese Technik hat auch funktioniert: Von den mir bekannten Werken, die das Phänomen des hundertsten Affen aufgreifen, enthält keines irgendwelche Indizien dafür, daß der Verfasser sich die Mühe gemacht hätte, Watsons Quellen nachzuspüren. Dennoch präsentieren alle sein Phantasiegebilde als wissenschaftlich belegte Tatsache. Von Watson selbst sind auch keine weiteren Informationen zu bekommen. Ich habe sowohl ihm als auch seinem Verlag geschrieben, aber bis heute keine Antwort erhalten.

2. *Aversion gegen natürliche Erklärungen*: Tatsache ist, das Kartoffelwaschverhalten wurde auf verschiedenen Inseln beobachtet. Watson zieht daraus den Schluß, daß es auf irgendeine paranormale Art und Weise von einem Ort zum anderen gelangt sein muß. Wie

unter Fans des Paranormalen üblich, ignoriert er plausible natürliche Erklärungen. Es gibt deren zwei. Zum einen könnte es sich schlicht um eine unabhängige Innovation handeln – verschiedene Affen finden dieselbe Lösung für ein gemeinsames Problem. Diese Erklärung ist unter Pseudowissenschaftlern verpönt. Die Ureinwohner Amerikas *können* die Pyramide nicht unabhängig von den Ägyptern erfunden haben – sie hatten dazu einfach nicht genug Grips im Kopf. In noch extremeren Fällen (von Däniken zum Beispiel) ist *der Mensch als solcher* zu blöd, so daß ihm Außerirdische auf die Sprünge geholfen haben müssen.

Watson unterstellt, Imo sei der einzige Affe gewesen, der über die nötigen Fähigkeiten verfügte, die Nützlichkeit des Kartoffelwaschens zu erkennen; für ihn war Imo ein «Affengenie» und das Kartoffelwaschen «geradezu der Erfindung des Rads vergleichbar». Affen auf andern Inseln waren dann wohl zu dumm für eine solche Innovation... Man darf jedoch nicht vergessen, daß all diese Affen bis 1952/ 53 keine Kartoffeln hatten, die sie hätten waschen können.

An mindestens fünf verschiedenen Orten hatten Affen bis 1962 das Kartoffelwaschen gelernt. Das veranlaßt mich zu dem Schluß, daß diese Affen kluge Geschöpfe sind. Watson hingegen veranlaßt es zu dem Schluß, *ein Affe* sei klug gewesen, und das Paranormale habe den Rest besorgt.

Die zweite Erklärungsmöglichkeit, die Watson außer acht läßt, ist die natürliche Diffusion. Und in der Tat berichtet Kawai von einem Kartoffelwäscher namens «Jugo», der 1960 von Koshima zu der Insel schwamm, auf der der Takasakiyama-Stamm lebte. Jugo kehrte 1964 zurück. Watson erwähnt diesen Ausflug gar nicht.

Die japanischen Makaken sind bekannt für ihre Klugheit und ihre Mobilität. Jede dieser beiden Eigenschaften für sich genommen könnte die Verbreitung des Kartoffelwaschverhaltens über mehrere Inseln erklären. Aber Watson setzt die Scheuklappen auf.

3. *Aufbauschen des Wunders*: Wird ein Mythos weitergegeben, bläst ihn jeder der Beteiligten ein bißchen mehr auf. Die beiden folgenden Beispiele stammen aus Werken der zweiten Generation. Watson wird darin ausgiebig zitiert und seine Schilderung immer noch ein wenig mehr ausgeschmückt. Zunächst hieß es in den Berichten der Primatenforscher ledig-

lich, es seien außerhalb von Koshima einige wenige Fälle von Kartoffelwaschverhalten beobachtet worden. Bei Watson liest man, dieses Verhaltensmuster sei «auch in Kolonien auf anderen Inseln... spontan aufgetreten». Das ist ja nicht direkt falsch, da die wenigen Affen tatsächlich *in anderen Kolonien* lebten (obwohl natürlich nur diese einzelnen Tiere das Verhalten zeigten und nicht die ganze Kolonie).

Ken Keyes berichtet nun unter Berufung auf Watson, daß nach der Bekehrung des hundertsten Affen auf Koshima «auch Affenkolonien auf anderen Inseln... ihre Süßkartoffeln zu waschen begannen» (Keyes 1982, S. 16). Das suggeriert bereits spontane Massenkartoffelwaschorgien.

Ein zweites Beispiel: Was das Verhältnis der Primatologen zu den Ereignissen von 1958 anbelangt, heißt es bei Watson noch, sie seien sich «bis heute nicht ganz sicher, was da passiert sei». Die Verwirrung unter Primatologen wächst jedoch rapide, denn der *Science Digest* (1981) spricht bereits von einem «Rätsel, das die Primatenforscher schon seit fast einem Vierteljahrhundert ratlos macht».

In diesen beiden Fällen sind Watsons eigene

Behauptungen vergleichsweise bescheiden. In den Werken der zweiten Generation wird aus «nicht ganz sicher» dann bereits «seit einem Vierteljahrhundert ratlos», und aus dem Verhaltensmuster, das bei einzelnen Tieren innerhalb anderer Kolonien auftrat, wird ein Verhaltensmuster ganzer Affenkolonien. Man muß bedenken, diese Werke der zweiten Generation basieren *allein* auf Watson; selbst seine ohnehin nicht allzu korrekte Darstellung ist hier noch weiter verzerrt worden – und natürlich nicht in Richtung Wahrheit.

4. *Validierung paranormaler Phänomene durch paranormale Phänomene*: Die Validität von Berichten über übernatürliche Phänomene ergibt sich aus ihrer Übereinstimmung mit anderen Berichten ähnlicher Art. An den Sekundärwerken, die sich auf Watson berufen, läßt sich diese Technik gut verdeutlichen. Keyes untermauert das Phänomen des hundertsten Affen mit den Experimenten von J. B. Rhines an der Duke University, durch die angeblich telepathische Vorgänge zwischen Menschen «nachgewiesen» worden seien. «Wir wissen jetzt, daß sich diese außersinnliche Kommunikation auf ein hochwirksames Maß verstärken läßt, wenn das Bewußtsein einer ‹hundertsten

Person› dazukommt (Keyes 1982, S. 18).»
Elda Hartleys Film «The Hundredth Monkey»
beruft sich auf Edgar Cayce. Und in einem
bemerkenswerten Durchbruch von Gruppenbewußtsein betonen *vier der fünf* Sekundär-
quellen die Parallelen zwischen Watsons
Phänomen des hundertsten Affen und Rupert
Sheldrakes Konzept des «morphogenetischen
Feldes». Die spontane Beobachtung von Ähn-
lichkeiten zwischen Watson und Sheldrake hat
offenbar die natürlichen Barrieren zwischen
den vier Publikationen übersprungen. Sicherlich läßt sich dieses Zusammentreffen nicht
durch independente Innovation oder natürliche Diffusion erklären.

Ich muß gestehen, daß ich für einige Sekundär-
werke zum Phänomen des hundertsten Affen
eine gewisse Sympathie hege, und zwar aufgrund ihrer eigentlichen Motive. Ken Keyes
etwa erhebt das Affenphänomen zum Teil seines Buches, aber sein eigentliches Thema ist
die atomare Abrüstung. Arthur Steins Artikel
und (in geringerem Maß) auch Elda Hartleys
Film sind von Keyes' Hoffnung inspiriert, das
Phänomen des hundertsten Affen könne zur
Verhinderung eines Atomkrieges beitragen.

Die Botschaft lautet: «Vielleicht sind Sie der hundertste Affe», die Person, deren Beitrag zum Kollektivbewußtsein bewirkt, daß die Menschheit doch noch vom nuklearen Holocaust abläßt. Dieses Motiv ist sicher ebenso lauter wie das des Kindes, das an den Weihnachtsmann schreibt, es wünsche sich die weltweite atomare Abrüstung. Wir können nur hoffen, der Weihnachtsmann und der hundertste Affe sind nicht unsere einzige Chance, dem Atomkrieg zu entgehen.

Ron Amundson ist Philosophiedozent an der University of Hawaii in Hilo

Literatur

Brain/Mind Bulletin, 1982. The Hundredth Monkey, in: «Updated Special Issue: ‹A New Science of Life›»

Elda Hartley (Produzentin), 1983. ‹The Hundredth Monkey› (Film und Video), Hartley Film Foundation, Cos Cob, Connecticut

Kinji Imanishi, 1963. Social Behavior in Japanese Monkeys, in: Charles A. Southwick (Hg.), ‹Primate Social Behavior›, Van Nostrand, Toronto

Masao Kawai, 1963. On the Newly-Aquired Behaviors of the Natural Troop of Japanese Monkeys on Koshima Island, *Primates* 4, S. 113–115

Ders., 1965. On the Newly-Aquired Pre-Cultural Behavior of the Natural Troop of Japanese Monkeys on Koshima Island, *Primates* 6, S. 1–30

Syunzo Kawamura, 1963. Subcultural Propagation Among Japanese Macaques, in: Charles A. Southwick (Hg.), ‹Primate Social Behavior›, Van Nostrand, Toronto

Ken Keyes, 1982. ‹The Hundredth Monkey›, Vision Books, Coos Bay, Oregon *Science Digest*, 1981. The Quantum Monkey, vol. 8, S. 57

Rupert Sheldrake, 1981. ‹A New Science of Life›, Tarcher, Los Angeles (‹Das schöpferische Universum: Die Theorie des morphogenetischen Feldes›, Meyster, München 1983)

Arthur Stein, 1983. The «Hundredth Monkey» and Humanity's Quest for Survival, *Phoenix Journal of Transpersonal Anthropology* 7, S. 29–40

Atsuo Tsumori, 1967. Newly Aquired Behavior and Social Interactions of Japanese Monkeys, in: Stuart Altman (Hg.), ‹Social Communication Among Primates›, University of Chicago Press, Chicago

Lyall Watson, 1979. ‹Lifetide›, Simon and Schuster, New York (‹Der unbewußte Mensch›, Umschau, Frankfurt am Main 1979)

Beinahe tot

Susan Blackmore

Wie ist es, wenn man stirbt? Die meisten von uns fürchten den Tod mehr oder weniger, aber es gibt auch immer mehr Menschen, die dem Tod schon sehr nahe waren und «zurückgekommen» sind; sie berichten meist von angenehmen und sogar freudigen Erlebnissen auf der Schwelle zum Tod. Für viele werden solche Erfahrungen zu einem unzweifelhaften Hinweis auf ein Leben nach dem Tod, und das scheint dadurch, daß sich im Leben der Betreffenden meist tiefgreifende Veränderungen anschließen, zusätzlich bestätigt.

Viele Wissenschaftler hingegen halten derartige Wahrnehmungen schlicht für Halluzinationen, hervorgebracht von einem sterbenden Hirn und kaum interessanter als ein besonders lebhafter Traum.

Meiner Ansicht nach liegen beide falsch: Todesnähe-Erfahrungen geben keinen Hinweis auf ein Leben nach dem Tod, und man versteht sie tatsächlich am besten, wenn man sie unter den Gesichtspunkten von Neurochemie, Physiologie und Psychologie betrachtet. Dennoch sind sie viel interessanter als Träume; sie erscheinen absolut real und können das Leben eines Menschen völlig umkrempeln. Jede befriedigende Theorie muß das in Rechnung stellen – und das führt uns zu Fragen nach der Seele, dem Ich und dem Wesen des Bewußtseins.

Im Jahr 1926 veröffentlichte Sir William Barrett, ein Erforscher übersinnlicher Phänomene und Mitglied der Royal Society, ein kleines Buch über Visionen auf dem Sterbelager. Offenbar sahen Sterbende vor dem Tod andere Welten, ja sie erblickten sogar Tote und sprachen mit ihnen. Es gab Fälle, in denen Betreffende im Augenblick des Sterbens Musik hörten, und gelegentlich berichteten Anwesende, sie hätten gesehen, wie der Geist den Körper verließ.

Heute, im Zeitalter der modernen Medizintechnik, sind solche Todeserlebnisse kaum denkbar. Damals starben die Menschen zu Hause, umgeben von Freunden und Angehörigen. Heute findet der Tod meist im Krankenhaus und dort nur allzuoft in Einsamkeit statt. Paradoxerweise haben die verbesserten medizinischen Möglichkeiten aber auch zu neuen Berichten ähnlicher Art geführt – den Todesnähe-Erfahrungen. Sie blieben weithin privat und unbeachtet, bis der amerikanische Arzt Raymond Moody 1975 sein Buch ‹Life After Life› (‹Leben nach dem Tod›) veröffentlichte.

Er hatte mit vielen Menschen gesprochen, die wiederbelebt und «zurückgeholt» worden waren, und rekonstruierte daraus einen Bericht über eine typische Todesnähe-Erfahrung. Bei diesem idealisierten Erlebnis hört der Betreffende, wie man ihn für tot erklärt. Dann folgen ein lautes Summen oder Klingeln und ein langer, dunkler Tunnel. Der Betreffende kann seinen eigenen Körper aus einiger Entfernung sehen und beobachten, was vorgeht. Kurz darauf trifft er andere, darunter ein «Lichtwesen», das ihm rückblickend die Ereignisse seines Lebens zeigt und ihm hilft, sie zu bewerten. Irgendwann gelangt er an eine Grenze, hier weiß er, daß er umkehren muß. Obwohl er dort Freude, Liebe und Frieden empfindet, kehrt er in seinen Körper und ins

Leben zurück. Später will er anderen dieses Erlebnis vermitteln, aber sie verstehen ihn nicht, und er gibt es auf. Dennoch beeinflußt diese Erfahrung ihn zutiefst, er gewinnt insbesondere ein neues Verhältnis zu Leben und Tod.

Viele Wissenschaftler reagierten auf Moodys Bericht skeptisch, sie unterstellten, daß er zumindest übertreibe; er dagegen behauptete, es habe zuvor nur deshalb noch niemand solche Erlebnisse zur Kenntnis genommen, weil die Patienten zu verunsichert waren, um darüber zu sprechen.

Weitere Forschungen kamen der Frage schon bald darauf näher. Ein Herzspezialist hatte im Laufe von zwanzig Jahren mit über zweitausend Menschen gesprochen und behauptete, über die Hälfte von ihnen habe über ähnliche Erlebnisse berichtet wie Moody (Schoonmaker 1979). Wie sich 1982 in einer Gallup-Umfrage herausstellte, hatte jeder siebte Amerikaner schon einmal an der Schwelle zum Tod gestanden und etwa jeder zwanzigste eine Todesnähe-Erfahrung gehabt. Es schien, als habe Moody zumindest in den Umrissen ganz richtig gelegen.

Bei meinen eigenen Forschungsarbeiten bin auch ich auf viele derartige Berichte gestoßen;

einer beispielsweise stammt von einer Frau aus Zypern:

> Man nahm eine Notfall-Magenresektion vor. Am vierten Tag nach der Operation stellte sich ein Schockzustand ein, und ich war mehrere Stunden lang ohnmächtig... Aber obwohl ich dachte, ich sei bewußtlos gewesen, erinnerte ich mich noch nach Jahren in allen Einzelheiten an die Unterhaltung zwischen dem Chirurgen und dem Anästhesisten... Ich lag über meinem eigenen Körper, völlig ohne Schmerzen, und sah auf mich selbst hinunter, voller Mitleid für die Qual, die mir im Gesicht stand; ich schwebte friedlich. Dann... gelangte ich anderswohin, ich trieb in einen dunklen, aber nicht beängstigenden Bereich, der einem Vorhang ähnelte... Und dann empfand ich vollkommenen Frieden...
>
> Plötzlich war alles anders – ich wurde zurück in meinen Körper gerissen und nahm den Schmerz sehr wohl wieder wahr.

Innerhalb weniger Jahre konnte man schließlich grundlegende Fragen beantworten. Kenneth Ring (1980) von der University of Connecticut befragte 102 Personen, die dem Tod sehr nahe gewesen waren. Dabei stellte sich heraus: 50 Prozent der Betroffenen hatten etwas erlebt, das Ring «Kernerfahrung» nennt. Er teilt sie in fünf Stadien ein: Frieden; Trennung vom Körper; Eintauchen in die Dunkelheit (das entspricht dem erwähnten Tunnel); Sehen des Lichtes und Eindringen ins Licht. Offenbar erleben weniger Menschen die letzten Stadien, was darauf hinweist, daß es sich um eine strukturierte Abfolge von Erlebnissen handelt, die sich nach und nach entfaltet.

Interessant wäre unter anderem die Frage, ob Todesnähe-Erfahrungen kulturspezifisch sind. Die wenigen vorhandenen Forschungsergebnisse deuten darauf hin, daß solche Erfahrungen in anderen Kulturen grundsätzlich die gleiche Struktur haben, jedoch das religiöse Umfeld den entscheidenden Einfluß darauf hat, wie sie interpretiert werden.

Muß man wirklich fast tot sein, um eine Todesnähe-Erfahrung machen zu können? Die Antwort lautet eindeutig nein (Morse et al., 1989). Ganz ähnliche Erlebnisse werden von Leuten berichtet, die Drogen eingenommen hatten, die extrem übermüdet waren oder die –

in seltenen Fällen – ganz einfach ihren gewöhnlichen Tätigkeiten nachgingen.

Ich muß darauf hinweisen, daß es sich um subjektiv völlig reale Erfahrungen zu handeln scheint, realer oder gegenwärtiger sogar als das alltägliche Erleben. Man *ist* im Tunnel und hat nicht nur die Vorstellung, dort zu sein. Die Perspektive von einem Blickpunkt fern des eigenen Körpers wird völlig realistisch erlebt, nicht wie ein Traum, sondern als sei man wirklich dort oben und blicke auf sich hinunter.

Da nicht jeder, der dem Tod nahe ist, auch eine Todesnähe-Erfahrung macht, stellt sich des weiteren die interessante Frage, was für Menschen dafür wohl prädestiniert sind. Das Kriterium ist sicherlich nicht seelische Labilität. Menschen, die solche Erfahrungen hatten, unterscheiden sich in psychischer Gesundheit oder Veranlagung nicht von anderen. Todesnähe-Erfahrungen verursachen tiefgreifende, als positiv empfundene Persönlichkeitsveränderungen (Ring 1986). Die Betroffenen geben an, sie seien nach diesem außergewöhnlichen Erlebnis weniger an materiellen Errungenschaften interessiert, dafür um so mehr an anderen Menschen und ihren Bedürfnissen. Jede

Theorie über die Todesnähe-Erfahrungen muß diesen Effekt berücksichtigen.

Haben wir vielleicht noch einen zweiten Körper, der als Träger des Bewußtseins dient und den äußerlich greifbaren Körper im Sterben verläßt, um in eine andere Welt zu wandern? Das entspräche in etwa der Theorie vom Astralleib. Sie ist in unterschiedlichen Varianten sehr verbreitet und taucht vielfach in der New-Age- und Okkultismusliteratur auf.

Ein Grund dafür ist vielleicht, daß «Out-of-body»-Erlebnisse (bei denen der Betreffende sich von außerhalb seines Körpers beobachtet), wie erwähnt, nicht nur bei Todesnähe-Erfahrungen sehr verbreitet sind. Umfragen zufolge haben zwischen acht (in Island) und fünfzig Prozent (in bestimmten Gruppen, beispielsweise bei regelmäßigen Haschischkonsumenten) irgendwann in ihrem Leben solche Erfahrungen gemacht. In meiner Untersuchung unter Einwohnern von Bristol ergab sich ein Anteil von zwölf Prozent. Im typischen Fall hatten die Betreffenden währenddessen geschlafen oder gelegen und plötzlich die Empfindung, sie hätten den Körper verlassen, meist nur ein bis zwei Minuten lang (Blackmore 1984).

Wie sich bei einer Untersuchung von über fünfzig verschiedenen Kulturkreisen zeigte, gibt es fast überall den Glauben an einen Geist oder eine Seele, die den Körper verlassen kann (Sheils 1978). Sowohl das Out-of-body-Erlebnis als auch der Glaube an einen zweiten Körper sind also weit verbreitet. Aber was bedeutet das? Können wir es nur einfach nicht glauben, ein sterblicher Körper zu sein, dessen Tod das Ende ist? Oder gibt es diesen zweiten Körper wirklich?

Man kann die Auffassung vertreten, eine solche Theorie habe in der Wissenschaft keinen Platz und solle ignoriert werden. Ich bin anderer Meinung. Die einzigen Vorstellungen, mit denen die Wissenschaft nichts anfangen kann, sind die metaphysischen – also Vorstellungen, die nicht meßbare Folgen haben und keine nachprüfbaren Vorhersagen ermöglichen. Aber wenn eine Theorie Vorhersagen trifft, und seien sie noch so bizarr, kann man sie überprüfen.

Die Theorie vom Astralleib ist zumindest in mancher Hinsicht überprüfbar. In einigen Experimenten behaupteten die betreffenden Personen, sie könnten ihren Astralleib in weit entfernte Räume schicken und sehen, was dort vorgehe. Sie behaupteten, bittere Aloe auf ihrer körperlichen Zunge nicht zu schmecken, verzogen aber sofort angewidert das Gesicht, wenn man die Substanz auf ihre (unsichtbare) Astralzunge legte. Leider fanden diese Experimente nicht unter ordnungsgemäß kontrollierten Bedingungen statt (Blackmore 1982 a).

Im Zuge anderer Experimente wog man Sterbende, um den Astralleib beim Verlassen des Körpers aufzuspüren. Anfang des 20. Jahrhunderts schrieb man ihm ein Gewicht von etwa 30 Gramm zu, aber je empfindlicher die Geräte wurden, desto mehr mußte man diesen Wert nach unten korrigieren – offenbar handelt es sich also nicht um einen meßbaren Effekt. In jüngerer Zeit verwendete man hochentwickelte Meßgeräte für Ultraviolett- und Infrarotlicht, für magnetische Ströme oder Feldstärken, Temperatur und Gewicht, um den Astralleib eines Menschen während eines Out-of-body-Erlebnisses dingfest zu machen. Man setzte sogar Tiere und Menschen als «Detektoren» ein, aber es gelang niemals, einen verläßlichen Nachweis zu führen (Morris et al., 1978).

Es gab in diesem Zusammenhang auch mehrere Wahrnehmungstests mit versteckten Ge-

genständen. Erfolgreich schien ein Versuch von C. T. Tart: Der Proband lag auf einem Bett, und darüber auf einem Bord befand sich eine fünfstellige Zahl (Tart 1978). Nachts hatte er ein Out-of-body-Erlebnis, und anschließend nannte er die richtige Zahl. Kritiker bemerkten allerdings, die Versuchsperson hätte auch aus dem Bett klettern und nachsehen können. Dieses und andere Experimente lieferten, wie so vieles in der Parapsychologie, keine eindeutigen Befunde und keine klaren Hinweise auf irgendeine außersinnliche Wahrnehmung.

Die Theorie wurde also überprüft und hat der Prüfung offenbar nicht standgehalten. Gäbe es wirklich einen Astralleib, dann müßte man damit rechnen dürfen, daß wir bis heute irgend etwas darüber herausgefunden hätten – über den Befund hinaus, daß es schwierig ist, ihn dingfest zu machen!

Gegen die Theorie vom Astralleib gibt es auch mehrere theoretische Einwände. Die Vorstellung, ein Mensch sei – vielleicht durch einen «wirklichen» Tunnel – in eine andere Welt gegangen, muß zu der Frage führen, welche Beziehung zwischen den beiden Welten besteht. Ist die andere Welt eine Erweiterung des

Diesseits, dann sollte man sie beobachten und messen können. Astralleib, Astralwelt und Tunnel müßten sich in irgendeiner Form nachweisen lassen, und man sollte angeben können, wohin der Tunnel im einzelnen führt. Da das nicht möglich ist, wird häufig behauptet, die Astralwelt liege «auf einer anderen Ebene», auf einem «höheren Schwingungslevel» oder ähnliches. Aber solange niemand sagen kann, was das bedeutet, sind solche Vorstellungen völlig sinnentleert, auch wenn sie noch so reizvoll klingen. Natürlich läßt es sich auch nicht beweisen, daß es den Astralleib nicht gibt; aber nach meiner Vermutung existiert er tatsächlich nicht, und dann ist diese Theorie keine Hilfe bei der Erklärung der Out-of-body-Erlebnisse.

Einer anderen beliebten Theorie zufolge ähnelt das Sterben dem Geborenwerden: Demnach ist das Out-of-body-Erlebnis buchstäblich ein Wiederaufleben jenes Augenblicks, in dem der Mensch aus dem Mutterleib hervorkommt. Der Tunnel ist der Geburtskanal und das helle Licht das Licht der Welt, in die man hineingeboren wird. Sogar das Lichtwesen ließe sich damit erklären – es ist die Hebamme.

Diese Thesen eignen sich leider überhaupt

nicht zur Erklärung der Todesnähe-Erfahrungen. Zunächst einmal sieht das Kind während der Entbindung nicht so etwas wie einen Tunnel. Der Geburtskanal ist gedehnt und eng, und normalerweise wird das Kind mit der Oberseite des Kopfes zuerst hindurchgepreßt, nicht mit den Augen (die ohnehin geschlossen sind). Außerdem besitzt es noch nicht die Bewußtseinsfähigkeiten, um dabei Menschen zu erkennen, und diese Fähigkeiten verändern sich während des Heranwachsens so stark, daß Erwachsene dann nicht mehr nachvollziehen können, wie es ist, ein Säugling zu sein.

Am wichtigsten ist aber natürlich wieder die Frage, ob diese Theorie sich überprüfen läßt, und wenn ja, in welchem Umfang. Sie impliziert zum Beispiel, daß Menschen, die durch Kaiserschnitt zur Welt gekommen sind, nicht das gleiche Tunnelerlebnis und also nicht die gleichen Out-of-body-Erlebnisse haben dürften. Ich selbst habe eine Untersuchung an 190 vaginal Geborenen und 36 Kaiserschnitt-Kindern vorgenommen. Der Anteil derer, die Tunnelerlebnisse (36 Prozent) oder eine eigene Out-of-body-Erfahrung hatten (29 Prozent), war in beiden Gruppen fast gleich hoch (Blackmore 1982 b).

Vielleicht sollten wir einfach aufgeben und den Schluß akzeptieren, alle derartigen Erlebnisse seien «nur Einbildung» und «nichts als Hulluzinationen»? Das wäre allerdings die schwächste Lösung. Die Erlebnisse müssen natürlich in irgendeinem Sinne Halluzinationen sein, aber das allein ist noch keine Erklärung. Es stellt sich die Frage, warum gerade diese Halluzinationen? Warum ausgerechnet ein Tunnel?

Zuweilen heißt es, der Tunnel sei eine symbolische Darstellung des Eingangs zum Jenseits. Aber warum erleben die Betreffenden immer einen Tunnel und nicht mal ein Tor, eine Einfahrt oder den Fluß Styx? Warum ist ein Licht am Ende des Tunnels? Und warum befindet der Betreffende sich stets über seinem Körper und nicht darunter? Gegen die These, bei diesen Erfahrungen handle es sich um Halluzinationen, habe ich keine Einwände. Ich widerspreche nur, wenn man so tut, als könne man diese damit auch erklären, weil sie eben «nur Halluzinationen» seien. Eine hieb- und stichfeste Theorie muß solche Fragen beantworten, ohne das Eigentliche der Erlebnisse außer acht zu lassen. Und das werde ich versuchen, wenn auch nur in vorläufiger Form.

Tunnelerlebnisse tauchen nicht nur an der Schwelle zum Tod auf, sondern auch bei Epilepsie und Migräne, vor dem Einschlafen, beim Meditieren oder einfachen Entspannen, durch Druck auf beide Augäpfel und unter dem Einfluß mancher Drogen wie LSD, Psilocybin oder Meskalin. Ich habe sie selbst erlebt. Es ist, als werde die ganze Welt zu einem rasenden, tosenden Tunnel, durch den man auf ein helles Licht am Ende zufliegt. Zweifellos kennen viele Leser Ähnliches, Untersuchungen haben gezeigt, daß ein Drittel aller Menschen solche Erlebnisse hatte.

In den dreißiger Jahren stellte Heinrich Kluver von der University of Chicago fest, daß es vier immer wieder vorkommende Formen von Halluzinationen gab: den Tunnel, die Spirale, das Gitter und das Spinnennetz. Sie haben ihren Ursprung wahrscheinlich in der Struktur der Sehrinde, jenes Gehirnteils, der visuelle Eindrücke verarbeitet. Man stelle sich vereinfacht vor, die Außenwelt wird auf der Netzhaut im Augenhintergrund und dann wieder in der Sehrinde abgebildet. Die mathematische Seite dieses Abbildungsvorgangs ist – zumindest in vernünftiger Näherung – gut bekannt.

Jack Cowan, ein Neurobiologe der University of Chicago, hat nun mit Hilfe dieser Abbildung das Tunnelerlebnis erklärt. Normalerweise wird die Gehirnaktivität stabil gehalten von Zellen, die andere Zellen hemmen. Durch die Verminderung oder Aufhebung dieser Hemmung entsteht im Gehirn ein Aktivitätsüberschuß. Das kann kurz vor dem Tod geschehen (durch Sauerstoffmangel) oder aber unter dem Einfluß von Drogen wie LSD, welche die Hemmung stören. Durch die Aufhebung der Hemmung kommt es, so Cowan, analog den Verhältnissen in flüssigem Milieu zur Entstehung von Streifen, die sich durch die Sehrinde bewegen. Auf der Grundlage der Abbildungsverhältnisse kann man leicht zeigen, daß solche Streifen in der Sehrinde den gleichen Eindruck hervorrufen wie konzentrische Ringe oder Spiralen in der wirklichen Welt. Mit anderen Worten: Wer Streifen in der Sehrinde hat, sieht ein tunnelartiges Muster aus Spiralen oder Ringen.

Die Bedeutung dieser Theorie liegt darin, daß sie erklären kann, warum alle Menschen die gleichen Halluzinationen haben: aufgrund der Gehirnstruktur. Dennoch zweifelte ich an der Vorstellung von den wandernden Streifen, und Cowans Befund erklärt auch nicht die

Lichterscheinung am Ende des Tunnels. Deshalb versuchten Tom Troscianko und ich an der University of Bristol, eine einfachere Theorie zu entwickeln (Blackmore und Troscianko 1989). An der Darstellung in der Sehrinde fällt vor allem auf, daß zahlreiche Zellen für die Mitte des Sehfeldes zuständig sind, aber nur wenige für die Ränder. Das hat zur Folge, daß wir kleine Gegenstände im Zentrum gut sehen können; wenn sie sich dagegen außen am Rand befinden, erkennen wir sie nicht.

Ausgehend von dieser einfachen Tatsache simulierten wir am Computer, was geschieht, wenn in der Sehrinde ein zunehmend stärkeres elektrisches «Rauschen» (Ströme ohne Artikulation) herrscht. Das Computerprogramm beginnt mit weit gestreuten Lichtpunkten, die genauso angeordnet sind wie die Zellen in der Sehrinde, in der Mitte dichter und an den Rändern dünner. Nach und nach wächst die Zahl der Flecken – eine Nachahmung des zunehmenden Rauschens. Irgendwann sieht die Mitte dann aus wie ein großer weißer Fleck, während an den Rändern immer mehr Punkte auftauchen. So geht es weiter, bis schließlich der ganze Bildschirm hell erleuchtet ist. Das Ganze sieht aus wie ein dunkler, gefleckter

84

Tunnel mit einem hellen Licht am Ende, das immer größer wird (oder immer näher kommt), bis es schließlich den Bildschirm völlig ausfüllt.

Wem es zunächst seltsam erscheint, daß ein so einfaches Bild den Eindruck von Bewegung vermitteln kann, der sollte zweierlei bedenken. Erstens ist bekannt, daß zufällige Bewegungen am Rand des Gesichtsfeldes vom Gehirn eher als nach außen statt nach innen gerichtet interpretiert werden (Georgeson und Harris 1978). Und zweitens erschließt das Gehirn unsere eigene Bewegung zu einem großen Teil aus dem, was wir sehen. Ein Gehirn, dem ein scheinbar wachsender Bereich flackernden weißen Lichts präsentiert wird, interpretiert diesen Eindruck spontan so, als bewege sich der Mensch in einem Tunnel vorwärts.

Diese Theorie macht auch eine Vorhersage über die Todesnähe-Erfahrungen von Blinden. Beruht die Blindheit auf Augendefekten, während die Sehrinde gesund ist, sollten sie ebenfalls einen Tunnel wahrnehmen. Ist dagegen die Sehrinde gestört oder geschädigt, dürfte das nicht der Fall sein. Diese Annahmen müssen noch überprüft werden.

Genau besehen gibt es in Wirklichkeit natürlich keinen Tunnel. Dennoch hat das Tunnelerlebnis eine reale körperliche Ursache: das Rauschen in der Sehrinde. Auf diese Weise läßt sich die Entstehung des Tunnels erklären, ohne das Erlebte mißachten und ohne andere Körper oder Welten hinzuziehen zu müssen.

Wie das Tunnelerlebnis, so sind, wie erwähnt, auch die Out-of-body-Erfahrungen nicht auf die Situation der Todesnähe beschränkt. Sie können auftreten, während man sich einfach entspannt oder einschläft, bei der Meditation, bei epileptischen Anfällen oder Migräne. Zumindest manche Menschen können sie auch willentlich herbeiführen. Ich interessiere mich für Out-of-body-Erfahrungen, seit ich selbst ein langes, dramatisches Erlebnis dieser Art hatte (Blackmore 1982a).

Man darf nicht vergessen, wie real solche Erlebnisse erscheinen. Die Betreffenden beschreiben sie nicht als Traum oder Phantasie, sondern als Ereignisse, die tatsächlich stattgefunden haben. Das ist nach meiner Vermutung ein Grund, warum sie häufig mit anderen Körpern oder anderen Welten erklärt werden.

Wir brauchen eine Theorie ohne nicht meßbare Gebilde und ohne nicht nachprüfbare andere Welten, die erklärt, warum sich solche Erlebnisse ereignen und warum sie so wirklich erscheinen. Was heißt real? Man könnte meinen, das sei offenkundig – was wir um uns herum wahrnehmen, ist real, oder? Nun ja, in einem gewissen Sinne eben nicht. Wir sind Wahrnehmungswesen, und als solche wissen wir nur das, was unsere Sinne uns liefern. Was um uns herum existiert, teilen uns unsere Sinne mit, indem sie ein Modell von der Welt einschließlich uns selbst entwerfen. Die ganze Welt um uns herum und unser eigener Körper sind insofern Konstruktionen unseres Geistes. Und dennoch sind wir uns stets sicher, daß diese Konstruktion – wenn man so will, dieses «Modell der Wirklichkeit» – «real» ist, während unsere flüchtigen Gedanken unwirklich sind. Alles andere bezeichnen wir als Tagträume, Einbildungen, Phantasien und so weiter. Unser Gehirn kann «Wirklichkeit» und «Einbildung» voneinander trennen: Es entscheidet, welches seiner eigenen Modelle die Außenwelt darstellt. Nach meiner Vermutung vergleicht es zu diesem Zweck zu jedem Zeitpunkt alle Modelle, die es besitzt, und dann wählt es das stabilste als «Wirklichkeit» aus.

Normalerweise funktioniert das sehr gut. Das Modell, das die Sinne erstellen, erweist sich innerhalb dieses Systems als das beste und stabilste; es ist offensichtlich «Realität», während das Vorstellungsbild von dem Lokal, in das ich nachher noch gehen möchte, instabil und kurzlebig ist. Die Wahl fällt nicht schwer. Ist man dagegen schon fast eingeschlafen, sehr verängstigt oder kurz vor dem Tod, wird das Modell, das die Sinne liefern, verworren und instabil. Wenn man unter gewaltigem Streß oder Sauerstoffmangel leidet, ist die Wahl nicht mehr so einfach, denn dann werden alle Modelle fragwürdig.

Was geschieht dann? Jetzt ist möglicherweise der Tunnel, der durch das Rauschen in der Sehrinde entsteht, das stabilste Modell, und deshalb, so meine Vermutung, gilt er als real. Phantasien und Einbildungen werden stabiler als das Modell der Sinne, und deshalb werden sie zur Wirklichkeit. Das System wird nicht mehr von äußeren Eindrücken gesteuert.

Was kann ein empfindliches biologisches System in dieser Situation tun, um zum Normalzustand zurückzukehren? Ich vermute, es könnte sich selbst gleichsam fragen: «Wo bin ich? Was geht vor?» Selbst jemand, der unter extremem Streß steht, behält ein gewisses Gedächtnis. Er erinnert sich vielleicht an seinen

Unfall, oder er weiß, daß er wegen einer Operation im Krankenhaus war, oder er erinnert sich an die Schmerzen bei einem Herzinfarkt. Deshalb wird er versuchen, die Ereignisse aus dem wenigen zu rekonstruieren, woran er sich erinnern kann.

Über Erinnerungsmodelle wissen wir heute, daß sie interessanterweise häufig in der Vogelperspektive konstruiert werden, das heißt, die Ereignisse oder Abläufe wirken wie von oben gesehen. Wer das seltsam findet, sollte sich einmal an den letzten Lokalbesuch oder die letzte Wanderung an einer Küste erinnern. Von wo aus sieht man dabei die erinnerte Szene? Meist von oben – und genau das meine ich.

Damit wird deutlich, wie ich die Out-of-body-Erlebnisse erkläre: Ein Erinnerungsmodell, das in der Vogelperspektive konstruiert ist, hat die Vorherrschaft über das Sinnesmodell gewonnen. Es erscheint völlig real, weil es zu dem betreffenden Zeitpunkt das beste, stabilste Modell ist, das dem System zur Verfügung steht – es erscheint aus genau demselben Grund real, aus dem auch alles andere immer real erscheint.

Diese Theorie der Out-of-body-Erlebnisse führt zu vielen überprüfbaren Vorhersagen. So sollten Menschen, die gewohnheitsmäßig die Vogelperspektive einnehmen, häufiger solche Erfahrungen machen. Sowohl der australische Psychologe Harvey Irwin (1986) als auch ich selbst (Blackmore 1988) haben festgestellt, daß Menschen, die sich in ihren Träumen oft als Zuschauer erleben, häufiger auch Out-of-body-Erfahrungen machen, wobei es allerdings unter denen, die dabei verschiedene Blickwinkel einnehmen, anscheinend keine Unterschiede gibt. Wie ich weiterhin feststellen konnte, berichten gerade Leute, die in ihrer Vorstellung leicht zwischen verschiedenen Blickwinkeln hin- und herwechseln können, besonders häufig über Out-of-body-Erlebnisse.

Nach dieser Theorie ist die Welt des Out-of-body-Erlebnisses ein Gedächtnismodell. Es paßt nur dann zur wirklichen Welt, wenn der Betreffende bereits etwas weiß oder es aus der verfügbaren Information ableiten kann.

Das ist für die Erforschung der Todesnähe-Erfahrungen eine große Herausforderung. Manche Forscher behaupten, an der Schwelle zum Tod könnten die Menschen tatsächlich Dinge sehen, von denen sie vermutlich zuvor nichts wußten. Der amerikanische Herzspezialist Michael Sabom (1982) schreibt zum Beispiel, die Patienten hätten genau das Auf und Ab der Anzeigenadeln an den Überwachungsgeräten beschrieben, obwohl sie die Augen geschlossen hatten und offensichtlich bewußtlos waren. Weiterhin verglich er diese Beschreibungen mit denen von Menschen, die sich *einbildeten*, sie seien wiederbelebt worden, und dabei stellte sich heraus, daß die «echten» Patienten weitaus genauere und detailliertere Beschreibungen lieferten.

Aber dieser Vergleich hat auch seine Tükken. Vor allem konnten die Patienten, die wirklich wiederbelebt wurden, wahrscheinlich einen Teil der Manipulationen spüren, die an ihnen vorgenommen wurden, und sie konnten hören, was vor sich ging. Von allen Sinneswahrnehmungen geht das Gehör als letztes verloren, und wie man schon beim Hören von Hörspielen oder Rundfunknachrichten bemerkt, kann man sich aus dem, was man nur hört, ein sehr deutliches visuelles Bild machen. Auf diese Weise verschafft sich vielleicht auch der Sterbende eine genaue Vorstellung. Natürlich kann man mit dem Gehör nicht die Schwankungen der Anzeigenadeln wahrnehmen, und wenn Sabom recht hat, dann habe ich unrecht. Diese Frage läßt sich nur durch weitere Forschungen klären.

Daß ausschnittweise Lebenserfahrungen noch einmal aufblitzen, ist in Wirklichkeit nicht so geheimnisvoll, wie es scheint. Wie man schon seit längerer Zeit weiß, kann die Stimulation von Zellen im Schläfenlappen des Gehirns zu plötzlichen Erlebnissen führen, die wirken, als ob Erinnerungen lebendig würden. Ähnliches kennt man auch von epileptischen Erkrankungen des Schläfenlappens; an solchen Anfällen können auch andere Strukturen im limbischen System des Gehirns beteiligt sein, so der Mandelkern und der Hippokampus, die ebenfalls mit dem Gedächtnis zu tun haben.

Man stelle sich nun vor, das Rauschen im sterbenden Gehirn stimuliere solche Zellen. Die Erinnerungen steigen auf, und da sie nach meiner Hypothese zu dem betreffenden Zeitpunkt das stabilste Modell des Systems sind, erscheinen sie real. Für den Sterbenden können sie durchaus stabiler sein als das verworrene, überlagerte Sinnesmodell.

Die Verbindung zwischen Epilepsie des Schläfenlappens und Todesnähe-Erfahrungen bildete die Grundlage für ein ganz und gar neurobiologisches Modell solcher Erfahrungen (Saavedra-Aguilar und Gomez-Jeria 1989). Danach führt der Streß im Zusammenhang mit der Todesnähe zur Freisetzung von Neuropeptiden und Neurotransmittern, insbesondere der endogenen Endorphine. Diese Substanzen stimulieren dann das limbische System und andere damit verbundene Bereiche. Die Wirkung der Endorphine wäre auch eine Erklärung für das Glücksgefühl und andere positive Empfindungen, die so häufig im Zusammenhang mit Todesnähe-Erfahrungen auftreten.

Natürlich besteht der Lebensrückblick nicht nur aus Erinnerungen. Der Betreffende hat das Gefühl, er beurteile diese Ereignisse aus seinem Leben und erkenne ihre Bedeutung und ihren Sinn. Auch das, meine ich, ist nichts Seltsames. Wenn die normale Welt der Sinneswahrnehmung verschwunden ist und Erinnerungen wirklich zu sein scheinen, verändert sich die Sicht auf unser Leben. Wir hängen weniger an aktuellen Plänen, Hoffnungen, Zielen und Ängsten; sie schwinden und werden unwichtig, während die Vergangenheit wieder zum Leben erwacht. Wir können sie nur hinnehmen, wie sie ist, und niemand außer uns selbst richtet darüber. Dafür spricht meiner Ansicht nach, daß so viele Menschen nach einer Todesnähe-Erfahrung berichten, sie hätten ihre Vergangenheit gleichmütig hingenommen.

Wir kommen jetzt zu dem scheinbar außergewöhnlichsten Teil der Todesnähe-Erfahrungen: zu den Welten jenseits des Tunnels und der Out-of-body-Erlebnisse. Aber ich glaube, es ist schon jetzt abzusehen, daß auch sie so außergewöhnlich nicht sind. In diesem Zustand ist nicht die äußere, sondern die innere Welt Realität. Alles, was der Betreffende sich deutlich genug vorstellen kann, ist Wirklichkeit. Und was stellen wir uns vor, wenn wir sterben? Viele Menschen genau die Welt, die sie zu sehen wünschen, da bin ich sicher. Ihr Geist wendet sich vielleicht anderen Menschen zu, die sie gekannt haben und die vor ihnen gestorben sind, oder aber einer Welt, auf die sie ihre Hoffnung richten. Wie die anderen Bilder, von denen zuvor die Rede war, erscheinen auch diese vollständig real.

Und schließlich gibt es noch die Aspekte der Todesnähe-Erfahrungen, die sich nicht beschreiben oder in Worte fassen lassen. Sie haben ihre Ursache vermutlich darin, daß manche Menschen auch den nächsten Schritt noch getan haben, den Schritt ins Nichtsein. Um das zu erklären, möchte ich eine andere Frage stellen. Was ist Bewußtsein? Wenn man es als einen Gegenstand, einen anderen Körper oder eine Substanz begreift, begibt man sich in die gleichen Schwierigkeiten wie bei den Out-of-body-Erlebnissen. Ich möchte lieber sagen: Bewußtsein selbst ist ein geistiges Modell. Mit anderen Worten: Alle geistigen Modelle in einem Menschen sind bewußt, aber nur eines davon ist das Modell vom «Ich». Es ist dasjenige, das ich für mein Ich halte und auf das ich alles andere beziehe. Es gibt meinem Leben einen Kern. Mit seiner Hilfe kann ich denken, daß ich eine Person bin, etwas, das Kontinuität hat. Auf diese Weise kann ich außer acht lassen, daß «ich» mich von einem Augenblick zum nächsten verändere und sogar jede Nacht im Schlaf verschwinde.

Wenn aber das Gehirn an der Schwelle des Todes steht, fällt dieses Modell vom Ich vielleicht einfach weg. Es gibt kein Ich mehr. Das ist ein seltsames, dramatisches Ereignis: Es gibt niemanden mehr, der die Erfahrung macht, und doch ist die Erfahrung da.

Dieser Zustand ist natürlich schwer zu beschreiben, denn das «Du», das die Beschreibung versucht, kann sich den Zustand des Nichtseins nicht vorstellen. Aber diese tiefgreifende Erfahrung hinterläßt ihre Spuren. Das Ich ist hinterher ganz offenbar nie mehr dasselbe.

Mir scheint, es dürfte klargeworden sein, warum ein eigentlich physiologischer Vorgang das Leben eines Menschen so tiefgreifend verändern kann. Das Erlebnis bringt das übliche (und für Irrtümer anfällige) Verhältnis zwischen einem selbst und der Welt durcheinander. Wir alle halten uns selbst nur allzugern für ein unvergängliches Gebilde, das einen vergänglichen Körper bewohnt. Aber schon Buddha lehrte, daß wir diese Illusion durchschauen müssen. Nach meiner Überzeugung gibt die Todesnähe-Erfahrung dem Menschen einen kleinen Einblick in das Wesen seines Geistes, der auf anderem Wege kaum zu gewinnen ist. Drogen können ihn vorübergehend erzeugen, bei wenigen haben mystische Erlebnisse diese Wirkung, und auch durch langjährige Übung in Meditation läßt er sich vielleicht erreichen. Aber die Todesnähe-Erfahrung kann jeden aus heiterem Himmel treffen und ihm zeigen, was er nie zuvor wußte: daß der Körper nur Fleisch ist und wir eigentlich nicht so wichtig sind. Und das ist eine höchst befreiende, erleuchtende Einsicht.

Wenn meine Analyse der Todesnähe-Erfahrungen zutrifft, lassen sich Rückschlüsse auf das nächste Stadium ziehen. Durch den Sauerstoffmangel kommt es zunächst zu einer Aufhebung der Hemmung und dadurch zu verstärkter Aktivität, welche schließlich zum Stillstand kommt. Da diese Aktivität die geistigen Modelle entstehen läßt, die das Bewußtsein bilden, hört das alles auf. Es gibt keine weiteren Erlebnisse mehr, kein Ich, und das ist, soweit es das geistig konstruierte Ich betrifft, das Ende.

Susan Blackmore ist Lehrbeauftragte für Psychologie am Fachbereich Sozialwissenschaften der University of Bath sowie am Fachbereich Psychologie der University of Bristol (Großbritannien)

Literatur

W. Barrett, 1926. ‹*Death-Bed Visions*›, Methuen, London

S. J. Blackmore, 1982 a. ‹*Beyond the Body*›, Heinemann, London

Dies., 1982b. Birth and the OBE: An Unhelpful Analogy, *Journal of the American Society for Psychical Research* 77, S. 229–238

Dies., 1984. A Postal Survey of OBEs and Other Experiences, *Journal of the American Society for Psychical Research* 52, S. 225–244

Dies., 1987. Where Am I? Perspectives in Imagery and the Out-of-Body Experience, *Journal of Mental Imagery* 11, S. 53–66

Dies., 1988. Do We Need a New Psychical Research? *Journal of the American Society for Psychical Research* 55, S. 49–59

S. J. Blackmore, T. S. Troscianko, 1989. The Physiology of the Tunnel, *Journal of Near-Death Studies* 8, S. 15–28

J. D. Cowan, 1982. Spontaneous Symmetry Breaking in Large-Scale Nervous Activity, *International Journal of Quantum Chemistry* 22, S. 1059–1082

M. A. Georgeson, M. A. Harris, 1978. Apparent Faveo-Fugal Drift of Counter-Phase Gratings, *Perception* 7, S. 527–536

S. Grof, J. Halifax, 1977. ‹The Human Encounter with Death›, Souvenir Press, London (‹Die Begegnung mit dem Tod›, Klett-Cotta, Stuttgart 1980)

H. J. Irwin, 1986. Perceptual Perspectives of Visual Imagery in OBEs, Dreams and Reminiscence, *Journal of the American Society for Psychical Research* 53, S. 210–217

R. A. Moody, 1975. ‹Life After Life›, Mockingbird,

Covinda (‹*Leben nach dem Tod*›, Rowohlt, Reinbek 1977)

R. L. Morris, S. B. Harary, J. Janis, J. Hartwell, W. G. Roll, 1978. Studies of Communication During Out-of-Body Experiences, *Journal of the American Society for Psychical Research* 72, S. 1–22

J. Morse, P. Castillo, D. Venecia, J. Milstein, D. C. Tyler, 1986. Childhood Near-Death Experiences, *American Journal of Diseases of Children* 140, S. 1110–1114

J. Morse, D. Venecia, J. Milstein, 1989. Near-Death Experiences: A Neurophysiological Explanatory Model, *Journal of Near-Death Studies* 8, S. 45–53

K. Ring, 1980. ‹*Life at Death*›, Coward, McCann & Geoghegan, New York (‹*Den Tod erfahren, das Leben gewinnen*›, Scherz, München 1985)

Ders., 1986. ‹*Heading Toward Omega*›, Morrow, New York

J. C. Saavedra-Aguilar, J. S. Gomez-Jeria, 1989. *Journal of Near-Death Studies* 7, S. 205–222

M. Sabom, 1982. ‹*Recollections of Death*›, Harper & Row, New York (‹*Erinnerungen an den Tod*›, Goldmann, München o. J.)

C. Sagan, 1979. ‹*Broca's Brain*›, Random House, New York

F. Schoonmaker, 1979. Denver Cardiologist Discloses Findings After 18 Years of Near-Death Research, *Anabiosis* 1, S. 1–2

D. Sheils, 1978. A Cross-Cultural Study of Beliefs

in Out-of-Body Experiences, Journal of the American Society for Psychical Research 49, S. 697–741

C. T. Tart, 1978. A Psychophysiological Study of Out-of Body Experiences in a Selected Subject, *Journal of the American Society for Psychical Research* 62, S. 3–27

Der neue Skeptizismus

Paul Kurtz

Mit der Skepsis oder dem Skeptizismus verhält es sich wie mit allen anderen Dingen: Gut ist es, sich dessen in Maßen zu bedienen. Ein gesunder Verstand ist auf Skepsis angewiesen, doch maßlos praktiziert, kann sie in übertriebenem Zweifel enden.

Richtig verstandener Skeptizismus entwirft kein metaphysisches Bild von der Unerkennbarkeit der «letzten Wirklichkeit», führt nicht in unvermeidliche erkenntnistheoretische Sackgassen und muß nicht in existentieller Verzweiflung oder Nihilismus enden. Vielmehr sollte er als wichtige methodische Richtschnur angesehen werden, die dazu anhält, alle Wissensbehauptungen und Werturteile kritisch zu untersuchen. Sonst kann es leicht passieren, daß man in anmaßende Selbsttäuschung und rigiden Dogmatismus verfällt; mit Vorsicht angewandt, kann Skeptizismus die Grenzen von Forschung und Erkenntnis erweitern helfen und gute Dienste in Lebenspraxis, Ethik und Politik leisten.

Kurz gesagt, ein Skeptiker ist jemand, der bereit ist, jede Wahrheitsbehauptung in Frage zu stellen; den es nach Klarheit in der Definition, Schlüssigkeit in der Logik und Angemessenheit in der Beweisführung verlangt. Folglich gehört Skeptizismus zu jedem Streben nach verläßlichem Wissen. Der Skeptizismus ist tief in der philosophischen Tradition verwurzelt. Der Begriff leitet sich von dem griechischen Wort *skeptikos* her, was etwa *zum Betrachten, Bedenken geneigt* heißt, unmittelbar verwandt mit dem griechischen Wort *skepsis* – Betrachtung, Untersuchung.

Dem Skeptizismus verdanken wir leistungsfähige Instrumentarien der Kritik in Wissenschaft, Philosophie, Religion, Moral, Politik und Gesellschaft. Es gilt als außerordentlich schwierig, ihn auf den Alltag anzuwenden oder ständig nach seinen Grundsätzen zu leben. Da wir alle nach Gewißheiten suchen, die uns als Richtschnur dienen können, löst eine skeptische Haltung häufig Unruhe und Besorgnis besonders bei den Menschen aus, die sich nach Glaube und Überzeugung sehnen.

Skeptizismus ist der Todfeind aller anspruchsvollen Glaubenssysteme. Während es die Menschen nach endgültigen Antworten verlangt, scheint der Skeptizismus ihnen stets neue Fragen zu präsentieren. Andererseits ist Skepsis in einem tieferen Sinne ein wesentlicher Bestandteil jeden überlegten Handelns und eine unabdingbare Eigenschaft des geschulten Verstandes. Skeptiker gelten dennoch als gefährlich, weil sie die herrschenden Orthodoxien in Frage stellen, die Seligpreisungen und Hosiannas aller Zeitalter nicht fraglos hinnehmen. Kann der Mensch ungeachtet der Tatsache, daß die skeptische Haltung ein notwendiger Teil der kritischen Nachprüfung ist, über die skeptische Einstellung hinausgelangen, um sich in Denken und Verhalten für positive Richtungen und Verpflichtungen zu entscheiden? Und kann ihn der Skeptizismus eventuell sogar dazu befähigen?

Stets veranlaßt der Skeptiker die Menschen, die sich von absoluter Wahrheit oder besonderer Tugend beeindruckt zeigen, einen Augenblick innezuhalten. Er fragt: «Was *meint* ihr?» – um Klärung und Definition bemüht; und: «*Warum* glaubt ihr, was ihr glaubt?» – Gründe, Anhaltspunkte, Rechtfer-

103

tigungen oder Beweise einfordernd. Wie der mißtrauische Bauer sagt er: «Zeig's mir!» Allzu häufig erlebt der Skeptiker dabei, daß viele der nicht hinterfragten Überzeugungen und gehätschelten Wertvorstellungen des Alltags auf trügerischem Sand gebaut sind.

Deshalb gelten Skeptiker als Dissidenten, Ketzer, Radikale, subversive Kräfte oder Schlimmeres und sehen sich selbst dem erbitterten Zorn etablierter Mächte ausgesetzt. Aber auch revolutionäre Veränderer begegnen ihnen mit grimmiger Wut, ziehen doch Skeptiker jegliches leidenschaftliche Engagement für schlecht durchdachte Programme gesellschaftlicher Umgestaltung in Zweifel. Der Skeptiker möchte eine Frage von allen Seiten betrachten, gewöhnlich fällt ihm zu jedem befürwortenden Argument ein Gegenargument ein. So kann extremer Skeptizismus, durchgehend ausgeübt, unseren praktischen Interessen zuwiderlaufen – insofern er den Zweifel nährt, beeinträchtigt er das Handeln. Unter Umständen wenden sich alle Parteien einer Kontroverse versammelt gegen die Skeptiker, weil die sich in der Regel von den vorherrschenden Tagesleidenschaften nicht mitreißen lassen.

Trotzdem ist Skeptizismus *wesentlich* für

die Suche nach Erkenntnis, denn in ihm wurzelt jenes Befremden, das am Ausgang allen echten Forschens steht. Ohne Skepsis bleiben wir jenen unüberprüften Glaubenssystemen verhaftet, die als unantastbar gelten, ohne eine faktische Basis zu haben. Mit Skepsis schaffen wir Raum für das freie Spiel der Gedanken, in dem neue Ideen geboren werden und Erkenntnisse reifen können. Zwar reicht wohl eine skeptische Haltung kaum per se als Philosophie des praktischen Lebens aus, aber sie schafft die notwendige Bedingung für eine durchdachte Lebenspraxis.

Bleiben wir, wenn wir uns auf den Skeptizismus verlassen, zwangsläufig im Morast der Unentschlossenheit stecken? Oder bringt er uns weiter, verhilft er uns zur Entdeckung von Wahrscheinlichkeiten, nach denen wir unser Leben ausrichten können? Ermöglicht er uns, verläßliches Wissen zu erwerben? Oder fallen alle neuen Entdeckungen rettungslos den Schnitten des skeptischen Skalpells zum Opfer?

Die Antwort auf diese Fragen hängt teilweise davon ab, was wir unter Skeptizismus verstehen, denn es lassen sich verschiedene Arten unterscheiden.

Nihilismus

Absolut negativer Skeptizismus. Die erste Variante, die wir bestimmen können, ist der Nihilismus und seine extremste Form – der absolut negative Skeptizismus. Damit meine ich eine Haltung, die jede Wert- oder Wahrheitsbehauptung grundsätzlich ablehnt. Diese Form von Skeptizismus bleibt in einem grenzenlosen Zweifel stecken, aus dem sie sich nie befreien kann. Erkenntnis sei prinzipiell nicht möglich, behauptet der absolute Skeptiker; ihm zufolge gibt es keine Gewißheit, keine verläßliche Basis für Überzeugungen, überhaupt keine Wahrheit. Immer haben wir es allein mit Erscheinungen, Eindrücken, Sinneswahrnehmungen zu tun; und es gibt keine Garantie dafür, daß diese irgendeine Entsprechung in der äußeren Wirklichkeit hätten. Wir können nicht sicher sein, ob wir die äußeren Dinge «an sich» richtig beschreiben. Unsere Sinne, die den Kern unserer Erfahrungswelt bilden, könnten uns täuschen; sie fungieren als Visiere, die unsere Wahrnehmungen filtern und begrenzen – ein Prozeß, der von Individuum zu Individuum und von Art zu Art anders verläuft. Nach Meinung des absoluten Skeptikers tappt in ähnliche Fallen, wer versucht, seine Erkenntnis aus kognitiven Intuitionen oder deduktiven Schlußfolgerungen der Mathematik oder Logik abzuleiten. Bedeutungen sind irreduzibel subjektiv und lassen sich nicht in intersubjektive oder objektive Denotate übersetzen. Rein formale Begriffssysteme sagen mehr über die Sprache aus, derer wir uns bedienen, als über die tatsächliche Beschaffenheit der Wirklichkeit.

So oder so, der Mensch neigt, laut dem Skeptiker, zum Irrtum. Für jeden Beweis, der eine These belegt, läßt sich ein Gegenbeweis finden. Wie das Netz einer Spinne kann die ganze Konstruktion zusammenfallen, sobald man den Klebstoff auflöst, der die Fäden zusammenhält.

Nicht nur sichere Erkenntnis ist nach Auffassung des absoluten Skeptikers unmöglich, er behauptet sogar, die Kriterien, anhand deren wir beurteilen, ob etwas wahr oder falsch sein möge, seien fragwürdig. Erkenntnis beruht auf den – empirischen oder rationalen – Methoden, nach denen wir Wahrheitsbehauptungen bewerten. Doch diese seien bloße Annahmen, sagt der absolute Skeptiker, und könnten nicht dazu dienen, sich selbst zu begründen, ohne damit nicht auch dem eigentlichen Problem auszuweichen. So können wir nie über das erste Stadium der Nachprüfung hinausgelangen. Absolute Skeptiker enden in äußerster Subjektivität, als solipsistische Gefangene ihrer eigenen Welten, völlig im unklaren über die Natur der Erkenntnis. Mit dieser Einstellung begegnen absolute Skeptiker der Wissenschaft, Philosophie und Religion.

In der Ethik führt nihilistischer Skeptizismus zu verheerenden Ergebnissen. Hier erweist sich der absolute Skeptiker als vollständiger Relativist, Subjektivist und Emotivist. Was *gut* oder *schlecht, richtig* oder *falsch* ist, verändert sich von Individuum zu Individuum und von Gesellschaft zu Gesellschaft. Außer Geschmack und Gefühl, so der absolute Skeptiker, seien keine normativen Maßstäbe zu erkennen, und für ein objektives moralisches Urteil gebe es keine Grundlage. Prinzipien, die universell oder verpflichtend für die Moral sein könnten, ließen sich nicht ausmachen. Dem Skeptizismus dieser Art bleibt nur die vollständige kulturelle Relativität. Gerechtigkeitsprinzipien werden von Machtverhältnissen oder dem Gesellschaftsvertrag abgeleitet. Es gibt keine normativen Maßstäbe, die allen

Gesellschaftssystemen gemeinsam sind. Angesichts moralischer Kontroversen können absolute Skeptiker zu extremen Zweiflern werden, alle Maßstäbe erweisen sich als gleichermaßen unhaltbar. Unter Umständen werden Vertreter dieser Haltung dann zu konservativen Traditionalisten: Wenn es für unser moralisches Verhalten keine verläßliche Richtschnur gibt, dann bleibt nur der Rekurs auf Sitte und Anstand. Es ist nicht an uns, nach Gründen zu suchen, wir können nur standhalten oder sterben, denn Gründe – die gibt es nicht. Absolute Skeptiker werden vielleicht zynisch oder amoralisch, indem sie *alles* gelten lassen. Wer könnte sagen, dieses wäre besser oder schlechter als jenes? Und wenn sich in der Natur der Dinge kein Maßstab für gerechtes Handeln ablesen läßt, dann ist politische Moral letztlich eine Frage der Macht, der Gewohnheit oder Leidenschaft, nicht aber der Vernunft oder der Beweisführung.

Absoluter Skeptizismus ist ein Widerspruch in sich; indem diese Skeptiker behaupten, Erkenntnis sei prinzipiell nicht möglich, bauen sie selbst bereits auf einer Annahme auf. Während sie einerseits leugnen, die Wirklichkeit erkennen zu können, setzen sie häufig eine phänomenalistische oder subjektivistische Metaphysik voraus, in der Sinneseindrücke oder Ideen die Bausteine sind, aus denen wir unsere Welterkenntnis zusammensetzen – wie fragmentarisch auch immer. Mit der Behauptung, es gebe keine normativen Maßstäbe für Ethik und Politik, verbinden die absoluten Skeptiker manchmal auch den Rat, entweder individuelle Eigenheiten zu tolerieren und kulturelle Unterschiede zu respektieren oder mit Mut dem eigenen Ehrgeiz zu folgen und das eigene Verlangen zu befriedigen. Doch ganz unauffällig verstecken die Skeptiker dahinter grundsätzliche Werturteile, die ihnen am Herzen liegen. Diese Form des Skeptizismus könnte man als «Dogmatismus» bezeichnen, denn während solche Skeptiker jegliche Möglichkeit von Erkenntnis oder Wert entschieden in Abrede stellen, schmuggeln sie ihre eigenen fragwürdigen Standpunkte ein.

Neutraler Skeptizismus

Eine andere Form des nihilistischen Skeptizismus versucht, durch einen völlig neutralen Standpunkt jeglichen Dogmatismus zu vermeiden. Skeptiker dieser Art werden nie irgend etwas behaupten oder leugnen. Unter keinen Umständen sind sie zu einer Aussage zu bewegen – etwa daß Sinneswahrnehmungen oder formales Denken unzuverlässig seien.

Jede Form von Skeptizismus, hinter der sich irgendeine Art der Erkenntnis- oder Wirklichkeitstheorie in Epistemologie, Metaphysik, Ethik oder Politik verbirgt, weisen sie zurück. Neutralisten behaupten, keine solche Theorie zu haben, lediglich persönliche Aussagen zu machen und sich nicht darum zu kümmern, ob diese akzeptiert oder abgelehnt werden beziehungsweise ob es ihnen gelingt, andere damit zu überzeugen. Sie äußern nur Privatmeinungen, die sich nicht auf andere übertragen lassen. Für jedes Argument zugunsten einer These finden auch sie ein Gegenargument.

Dem neutralen Skeptiker bleibt nur eine Möglichkeit: auf jedes Urteil zu verzichten. Er bekennt sich zum Agnostizismus. In der Epistemologie sieht er keine Kriterien für Erkenntnis, in der Metaphysik keine Wirklichkeitstheorie, in der Religion keine Grundlage für den Glauben (oder Unglauben), in der Ethik und Politik keine Maßstäbe für Tugend, Werte oder soziale Gerechtigkeit.

Der Vorsokratiker Kratylos (5. bis 4. Jahrhundert v. Chr.) war überwältigt von dem Eindruck, alles ändere sich jederzeit und radikal, auch unsere eigenen phänomenologischen Erfahrungswelten; er gelangte zu dem Schluß, Erkenntnis lasse sich auf keinen Fall mitteilen und ein anderer könne nie ganz verstanden werden. Der Legende nach weigerte sich Kratylos schließlich, noch irgend etwas mit irgend jemandem zu erörtern; und da er jegliche Antwort für sinnlos hielt, hob er lediglich den Finger, wenn man ihm eine Frage stellte.

Diesen neutralen Zustand eines vollkommenen Meinungsverzichtes nennt man heute Pyrrhonismus (nach Pyrrhon von Elis, einem der ersten wirklichen Skeptiker) – eine Einstellung, die die spätere Entwicklung des Skeptizismus nachhaltig beeinflußte. Allerdings bezog sich diese Haltung in erster Linie auf philosophische und metaphysische Fragen; in Belangen des praktischen Lebens, wo Konvention und Sitte vorherrschen, blieb sie irrelevant. Auch diese Form des Skeptizismus kann zu Nihilismus verkommen – wer jede Form von Erkenntnis leugnet, stürzt leicht in Verzweiflung.

Gemäßigter Skeptizismus

Bei den hier skizzierten Spielarten des Skeptizismus ergibt sich eine grundlegende Schwie-
rigkeit: Sie stehen im Gegensatz zu den Erfordernissen des Lebens. Wir müssen in der Welt
zurechtkommen – egal, wie die Wirklichkeit
letztlich aussieht –, und wir müssen einige
Überzeugungen entwickeln, nach denen wir leben und handeln können. Vielleicht gründen
sich unsere Überzeugungen in letzter Konsequenz nur auf Wahrscheinlichkeiten, wir jedenfalls brauchen Erkenntnis und Wissen als
pragmatische Voraussetzung für unser Leben
und Handeln in der Welt.

Eine abgewandelte Form von Skeptizismus
nannte David Hume, der bedeutende schotti-
sche Philosoph des 18. Jahrhunderts, *gemäßigten Skeptizismus*. Diese Position hat auch der
griechische Philosoph Karneades (2. Jahrhundert v. Chr.) eingenommen. Gemäßigte Skeptiker stellen sich dem Schwarzen Loch des Nichts
und sind skeptisch gegenüber einer ultima-
tiven Verläßlichkeit von Erkenntnisaussagen.
Ihrer Überzeugung nach sind die Grundlagen
des Wissens und der Werte vergänglich, lassen
sich letzte Wahrheiten über die Wirklichkeit

nicht finden. Trotzdem seien wir durch die Erfordernisse des praktischen Lebens gezwungen, brauchbare Verallgemeinerungen zu entwickeln, obwohl wir keine endgültigen Rechtfertigungen für sie beibringen können. Eine sichere Basis für kausale Rückschlüsse in bezug auf die Natur liefert nur der Umstand, daß wir in unserer Erfahrung auf Regelmäßigkeiten stoßen, die als Ausgangspunkt für Vorhersagen dienen, wonach die Zukunft etwa der Vergangenheit entsprechen wird. Doch letztlich haben wir keinen Beweis für dieses Induktionspostulat. Entsprechend können wir aus dem, was *ist*, nicht deduzieren, was sein *sollte*.

Die Moral hängt von den Gefühlen der Menschen ab, die sich darauf einigen, an den gesellschaftlichen Konventionen festzuhalten, während sie ihre mannigfaltigen Bedürfnisse zu befriedigen suchen, so gut sie können.

Gemäßigter Skeptizismus verfährt nicht absolut, sondern partiell und begrenzt; er wird uns von den Erfordernissen des Lebens diktiert. Absolut wäre er, würden wir der Philosophie bis zur letzten Konsequenz folgen und unrettbar in Unentschlossenheit und Zweifel enden. Glücklicherweise zwingt das Leben zu

Umwegen, und so leben und handeln wir, *als wäre* uns Erkenntnis möglich. Unsere Verallgemeinerungen beruhen auf Erfahrung und Praxis, und die Schlußfolgerungen, die wir auf Basis von Sitte und Gewohnheit treffen, dienen als Richtschnur.

Unglaube

Das Wort *Skepsis* taucht gelegentlich gleichbedeutend mit *Unglaube* und *Ungläubigkeit* auf. Tatsächlich weist eine skeptische Haltung zwei Aspekte auf: zum einen die *reflektierte* Überzeugung, daß bestimmte Behauptungen unbegründet oder unwahr und deshalb nicht glaubhaft sind – eine vernünftige Einstellung, wie es scheint –, und zum anderen die negative, *apriorische* Ablehnung einer Überzeugung ohne sorgfältige Prüfung ihrer Begründungen. Kritiker bezeichnen letztere Form des Skeptizismus als «Dogmatismus».

In der Religion ist der Ungläubige gewöhnlich ein Atheist – und nicht nur ein neutraler Agnostiker –, denn diese Form des Skeptizismus weist die Behauptungen der Theisten zurück. Mehr noch, der Atheist leugnet die Grundvoraussetzungen des Theismus: daß es

115

Gott gibt; daß das Universum einen letzten Zweck hat; daß der Mensch eine unsterbliche Seele besitzt und daß er durch göttliche Gnade erlöst werden kann.

Ungläubige, die ihre Haltung reflektieren, finden die Sprache der Transzendenz grundsätzlich unverständlich, ja sinnlos, und bezeichnen sich aus diesem Grunde als Skeptiker. Oder, noch entschiedener, sie haben die Argumente geprüft, die vormals als Gottesbeweise galten, und sind zu dem Ergebnis gelangt, daß diese nicht stichhaltig und also nicht überzeugend seien. Sich auf sogenannte Erfahrung zu berufen, empfinden sie als fadenscheinig: Weder die Mystik noch Verweise auf Wunder oder Offenbarungen beweisen die Existenz transzendentaler Wirklichkeiten. Mehr noch, diese Skeptiker behaupten, Moral sei auch ohne Gottesglauben möglich. Ungläubige kritisieren Annahmen im Bereich des Übernatürlichen als Aberglauben. Für sie ist die Gotteshypothese unergiebig, ein müßiges Produkt der menschlichen Phantasie, nicht wert, von emanzipierten Menschen näher geprüft zu werden. In diese Kategorie gehören viele klassische Atheisten (Baron d'Holbach, Diderot, Marx, Engels etc.), insofern sie in erster Linie

Materialisten waren und sich ihre religiöser Skeptizismus und Unglaube aus ihrer materialistischen Metaphysik ergaben. Solche Skeptiker sind nur dann dogmatisch, wenn ihr Unglaube die Form einer Doktrin annimmt, statt sich auf rationale Gründe zu stützen.

Entsprechend leugnen Ungläubige auf paranormalem Gebiet die Realität von Psi-Phänomenen. Sie sehen ASW, Hellsehen, Prophetie, Psychokinese und die Existenz körperloser Seelen nicht als ausreichend belegt an und halten all jenes für unvereinbar mit unserem Wissen von den physikalischen Prozessen des Universums. Einige Skeptiker lehnen paranormale Phänomene, weil sie gegen hinreichend bewiesene physikalische Gesetze verstoßen, sogar a priori ab. Doch *nur dann* wären sie auch Dogmatiker, wenn sie sich weigern würden, die Beweise zu prüfen, die von den Vertretern paranormaler Anschauungen vorgelegt werden, oder wenn sie den Stand wissenschaftlicher Erkenntnis, der zu einem bestimmten Zeitpunkt erreicht worden ist, für *letztgültig* hielten. Diese Art des Unglaubens ist insofern eine unzulässige Form von Skeptizismus, als sich dahinter eine engstirnige Geisteshaltung verbirgt. Wenn Menschen, die sich für Skeptiker halten, damit einfach nur meinen, daß sie die Existenz des Paranormalen leugnen, dann sind sie schlicht Aparanormalisten. Die Frage, die ihnen stets zu stellen wäre, lautet: *Warum?* Denn so, wie sich von den Gläubigen sagen läßt, daß sie bestimmte Überzeugungen auf der Grundlage unzureichender Beweise hegen, lehnen die *dogmatischen Ungläubigen* solche neuen Behauptungen unter Umständen nur ab, weil sie ihre Vorurteile über das Universum verletzen. Letztere Form des Skeptizismus hat viele Mängel. Solche Skeptiker sind nicht mehr zu unvoreingenommener Nachprüfung in der Lage, sie wollen entlarven. Fest davon überzeugt, es mit der Unwahrheit zu tun zu haben – was sie mit Entschiedenheit verkünden –, schlagen sie die Tür zu weiteren Entdeckungen zu.

Skeptische Nachprüfung

Es gibt eine weitere Form von Skeptizismus; sie steht dem absoluten und neutralen Nihilismus, dem gemäßigten Skeptizismus und dem dogmatischen Unglauben sehr kritisch gegenüber – obwohl sie von allen etwas gelernt hat. *Skeptische Nachprüfung* möchte ich diese

Form nennen, denn ihr Motiv ist die Prüfung und nicht der Zweifel. Wenn ich in diesem Zusammenhang auch von *neuem Skeptizismus* spreche, so ist das nicht ganz richtig, denn eigentlich präsentiert dieser sich der Gegenwart als ein Produkt des Pragmatismus. Ein entscheidender Unterschied zwischen dieser und früheren Formen von Skeptizismus liegt darin, daß er *positiv* und *konstruktiv* verfährt. Dazu gehört die Umwandlung der negativen kritischen Analyse von Wissensbehauptungen in einen positiven Beitrag zur Erweiterung und Entwicklung skeptischer Nachprüfung.

Grundsätzlich handelt es sich um eine Form von *methodischem* Skeptizismus, denn hier steht die Skepsis für eine wesentliche Phase im Prozeß der Nachprüfung; sie muß hier jedoch nicht in Unglauben, Verzweiflung oder Hoffnungslosigkeit münden und tut es auch nicht. Diese Skepsis ist nicht absolut, sie beschränkt sich auf den Kontext, der geprüft wird. Folglich können wir auch von einem *selektiven* oder *kontextuellen* Skeptizismus sprechen, denn wir müssen nicht alles gleichermaßen in Zweifel ziehen, nur bestimmte Fragen im begrenzten Kontext der Untersuchung. Dieser Skeptizismus ist nicht neutral, denn er hindert nicht an der Überzeugung, daß wir zu Erkenntnissen über die Welt fähig sind. Folglich ist menschliches Wissen nicht nur möglich, sondern kann sich auch als zuverlässig erweisen, so daß wir im normativen Bereich durchaus handlungsfähig sind, etwa indem wir uns an die besten Anhaltspunkte und Gründe halten, die zur Verfügung stehen. So bleibt Erkenntnis nicht einfach auf die deskriptiven oder formalen Wissenschaften beschränkt, sie wird auch in den normativen Bereichen von Ethik und Politik möglich.

Zwar ist dies eine modifizierte Form des Skeptizismus, doch geht sie weit über Humes gemäßigten Skeptizismus hinaus, denn Skeptiker dieser Art sehen sich in letzter Konsequenz nicht einem Abgrund von Ungewißheit gegenüber; sie sind beeindruckt von der Fähigkeit des menschlichen Verstandes, die Natur zu begreifen und in kontrollierte Bahnen zu lenken.

Entsprechend seinem Postulat, nie durch apriorische Ablehnung die Tür zu irgendeiner Form verantwortungsvoller Nachprüfung zuzuschlagen, ist der neue Skeptizismus alles andere als dogmatisch. Er zeigt sich so auch skeptisch gegenüber dem dogmatischen Atheismus und Aparanormalismus. Trotzdem steht es

120

ihm an, durchdachten *Unglauben* angesichts von Behauptungen zu äußern, die nicht hinreichend gerechtfertigt sind; bestimmte Behauptungen lassen sich demnach durchaus für unbewiesen, unwahrscheinlich oder falsch erklären.

Skeptizismus als eine Methode des Zweifels, die für Hypothesen Beweise und Gründe verlangt, ist von entscheidender Bedeutung für den Prozeß der wissenschaftlichen Forschung, des philosophischen Dialogs und der kritischen Intelligenz. Auch im alltäglichen Leben ist ein solches Verfahren relevant, denn die Bedürfnisse des gesunden Menschenverstands verlangen es immer wieder, nach den verläßlichsten der zur Verfügung stehenden Hypothesen und Überzeugungen zu handeln.

Ein solcher Skeptizismus ist der Feind *absoluter Gewißheit* und dogmatischer Endgültigkeit. Ihm sind alle Schlingen und Fallstricke menschlicher Erkenntnis bekannt, und er weiß, wie wichtig die Grundsätze der Fehlbarkeit und der Wahrscheinlichkeit zur Bestimmung der graduellen Gewißheit unserer Erkenntnis sind. Insofern unterscheidet er sich in hohem Maße von früheren Formen des Skeptizismus und kann wesentlich zur Vertiefung menschlicher Erkenntnis und zur Verbesserung der Moral, das heißt unseres moralischen und sozialen Lebens beitragen. So verstanden, gibt uns der Skeptizismus eine positive und konstruktive *Eupraxophie* an die Hand, welche die Deutung unseres Kosmos erleichtern und zu Vernunft in unserem Handeln verhelfen kann.

Der neue Skeptizismus entspricht überhaupt eher den Bedürfnissen alltäglicher Wissenserfahrung als denen spekulativer Philosophie. Über die augenfälligen Leistungen konstruktiver skeptischer Nachprüfung hinaus hatte der traditionelle Skeptizismus wenig zu bieten. Und spöttische Seitenhiebe aus den Kulissen des Lebens werden nicht immer dankbar zur Kenntnis genommen, vor allem wenn sie den reibungslosen Ablauf des Alltags unterbrechen.

In der Wissenschaft haben wir inzwischen gewaltige theoretische und technische Leistungen erbracht. Dies gilt gleichermaßen für die Physik, die Biologie, die Sozial- und die Verhaltenswissenschaften. Die Spielarten des klassischen Skeptizismus in der antiken Welt, wie sie zu Beginn der Moderne zu neuem Leben erweckt wurden, waren mit den ungeheuren Möglichkeiten wissenschaftlicher Forschung noch nicht vertraut. Heute hat sich der pyrrhonistische Skeptizismus überlebt, weil es einen beträchtlichen Bestand an zuverlässigem Wissen gibt. Infolgedessen scheint es sinnlos, allen Wahrheitsbehauptungen mit äußerstem Zweifel zu begegnen. Gleiches gilt für den postmodernen Subjektivismus.

Entgegen den traditionell-skeptischen Zweifeln gibt es durchaus methodologische Kriterien, anhand deren wir Wissensbehauptungen überprüfen können: (a) empirische Tests, die auf Beobachtungen beruhen; (b) logische Gesichtspunkte wie Zusammenhang und Schlüssigkeit; und (c) experimentelle Tests, bei denen Ideen anhand ihrer Konsequenz überprüfbar werden.

Die skeptische Nachprüfung läßt sich auf viele Bereiche anwenden. Gründliche Untersuchungen paranormaler Behauptungen lassen sich nur mit Hilfe sorgfältiger wissenschaftlicher Verfahren durchführen; auf dem Feld religiöser Behauptungen liefern uns heute Bibelkritik und die wissenschaftlichen Disziplinen der Archäologie, Linguistik und Geschichte eine Grundlage für die skeptische Kritik am Rekurs auf die Offenbarung oder bestimmte Schöpfungstheorien; die Methoden der skeptischen Nachprüfung lassen sich entsprechend auf den politischen und wirtschaftlichen Bereich ausdehnen.

Im Prozeß fortwährender Nachprüfung spielt der Zweifel eine entscheidende Rolle. Allerdings sollte er selektiv, nicht unbegrenzt, und kontextgebunden, nicht universell verfahren. Von Bedeutung ist das Prinzip der Fehlbarkeit. Wir sollten keine absoluten Behauptungen aufstellen, sondern zugeben, wie sehr wir irren können. Unser Wissen beruht auf Wahrscheinlichkeiten, die verläßlich, aber nicht gewiß oder endgültig sind.

Und schließlich sollte die skeptische Nachprüfung stets offen für neue Möglichkeiten und unerwartete Wendungen des Denkens bleiben. Wer sich dieser Methode verschreibt, muß immer bereit sein, im Lichte der weiteren Nachprüfung auch anerkannte Grundsätze in Frage zu stellen oder aufzugeben. Das entscheidende Prinzip der skeptischen Nachprüfung bleibt, für jede Wahrheitsbehauptung in jedem Zusammenhang nach Möglichkeit überzeugende Beweise und vernünftige Gründe zu finden.

Paul Kurtz ist Gründungsmitglied und Vorsitzender des CSICOP und emeritierter Philosophieprofessor der State University of New York in Buffalo.

50 JAHRE ROWOHLT ROTATIONS ROMANE

50 Taschenbücher im Jubiläumsformat
Einmalige Ausgabe

Paul Auster, *Szenen aus «Smoke»*
Simone de Beauvoir, *Aus Gesprächen mit Jean-Paul Sartre*
Wolfgang Borchert, *Liebe blaue graue Nacht*
Richard Brautigan, *Wir lernen uns kennen*
Harold Brodkey, *Der verschwenderische Träumer*
Albert Camus, *Licht und Schatten*
Truman Capote, *Landkarten in Prosa*
John Cheever, *O Jugend, o Schönheit*
Roald Dahl, *Der Weltmeister*
Karlheinz Deschner, *Bissige Aphorismen*
Colin Dexter, *Phantasie und Wirklichkeit*
Joan Didion, *Wo die Küsse niemals enden*
Hannah Green, *Kinder der Freude*
Václav Havel, *Von welcher Zukunft ich träume*
Stephen Hawking, *Ist alles vorherbestimmt?*
Elke Heidenreich, *Dein Max*
Ernest Hemingway, *Indianerlager*
James Herriot, *Sieben Katzengeschichten*
Rolf Hochhuth, *Resignation oder Die Geschichte einer Ehe*
Klugmann/Mathews, *Kleinkrieg*
D. H. Lawrence, *Die blauen Mokassins*
Kathy Lette, *Der Desperado-Komplex*
Klaus Mann, *Der Vater lacht*
Dacia Maraini, *Ehetagebuch*
Armistead Maupin, *So fing alles an ...*
Henry Miller, *Der Engel ist mein Wasserzeichen*

50 JAHRE ROWOHLT ROTATIONS ROMANE

Nancy Mitford, *Böse Gedanken einer englischen Lady*

Toni Morrison, *Vom Schatten schwärmen*

Milena Moser, *Mörderische Erzählungen*

Herta Müller, *Drückender Tango*

Robert Musil, *Die Amsel*

Vladimir Nabokov, *Eine russische Schönheit*

Dorothy Parker, *Dämmerung vor dem Feuerwerk*

Rosamunde Pilcher, *Liebe im Spiel*

Gero von Randow, *Der hundertste Affe*

Ruth Rendell, *Wölfchen*

Philip Roth, *Grün hinter den Ohren*

Peter Rühmkorf, *Gedichte*

Oliver Sacks, *Der letzte Hippie*

Jean-Paul Sartre, *Intimität*

Dorothy L. Sayers, *Eine trinkfeste Frage
des guten Geschmacks*

Isaac B. Singer, *Die kleinen Schuhmacher*

Maj Sjöwall/Per Wahlöö, *Lang, lang ist's her*

Tilman Spengler, *Chinesische Reisebilder*

James Thurber, *Über das Familienleben der Hunde*

Kurt Tucholsky, *So verschieden ist es
im menschlichen Leben*

John Updike, *Dein Liebhaber hat eben angerufen*

Alice Walker, *Blicke vom Tigerrücken*

Janwillem van de Wetering, *Leider war es Mord*

P. G. Wodehouse, *Geschichten von Jeeves und Wooster*

Programmänderungen vorbehalten

50 JAHRE ROWOHLT ROTATIONS ROMANE

Nancy Mitford, *Böse Gedanken einer englischen Lady*
Toni Morrison, *Vom Schatten schwärmen*
Milena Moser, *Mörderische Erzählungen*
Herta Müller, *Drückender Tango*
Robert Musil, *Die Amsel*
Vladimir Nabokov, *Eine russische Schönheit*
Dorothy Parker, *Dämmerung vor dem Feuerwerk*
Rosamunde Pilcher, *Liebe im Spiel*
Gero von Randow, *Der hundertste Affe*
Ruth Rendell, *Wölfchen*
Philip Roth, *Grün hinter den Ohren*
Peter Rühmkorf, *Gedichte*
Oliver Sacks, *Der letzte Hippie*
Jean-Paul Sartre, *Intimität*
Dorothy L. Sayers, *Eine trinkfeste Frage*
des guten Geschmacks
Isaac B. Singer, *Die kleinen Schuhmacher*
Maj Sjöwall/Per Wahlöö, *Lang, lang ist's her*
Tilman Spengler, *Chinesische Reisebilder*
James Thurber, *Über das Familienleben der Hunde*
Kurt Tucholsky, *So verschieden ist es*
im menschlichen Leben
John Updike, *Dein Liebhaber hat eben angerufen*
Alice Walker, *Blicke vom Tigerrücken*
Janwillem van de Wetering, *Leider war es Mord*
P. G. Wodehouse, *Geschichten von Jeeves und Wooster*

Programmänderungen vorbehalten

GERO VON RANDOW

Der Fremdling im Glas
und weitere Anlässe zur Skepsis,
endeckt im «Skeptical Inquirer»
rororo 9665

Mein paranormales Fahrrad
und andere Anlässe zur Skepsis,
entdeckt im «Skeptical Inquirer»
rororo 9535

Das Ziegenproblem
Denken in Wahrscheinlichkeiten
rororo 9337

GERO VON RANDOW

*Der Fremdling im Glas
und weitere Anlässe zur Skepsis,
endeckt im «Skeptical Inquirer»*
rororo 9665

Mein paranormales Fahrrad
und andere Anlässe zur Skepsis,
entdeckt im «Skeptical Inquirer»
rororo 9535

Das Ziegenproblem
Denken in Wahrscheinlichkeiten
rororo 9337